한국이 낳은 세계적인 과학자들

한국의 과학 천재들

이 종 호 지음

BOOK STAR

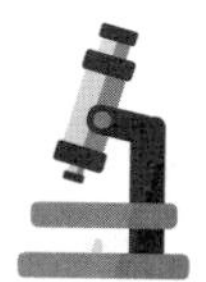

머리말

과학의 시대에 살고 있는 현재, 조선 시대를 포함하여 우리나라를 대표하는 과학자 5명만 꼽으라면 상당히 고민에 빠질 것이다. 만약 10명만 꼽으라면 질문이 잘못되었다고 할지도 모른다. 과거의 선현들이 과학과 동떨어져 살았다고 생각하므로 선현들 중에 정말로 과학자가 있었느냐고 오히려 반문할 수도 있다.

한국인 중에서 선두 과학자, 즉 과학 분야의 천재를 꼽는 것이 어려운 것이 사실이다. 그럼에도 불구하고 이 질문에 관한 한 현대인들은 매우 유리한 시대에 살고 있다. 다행하게도 한국의 과학자들의 면모를 알려주는 자료가 있는데 바로 국립과천과학관의 '과학기술인 명예의 전당'에 헌정된 사람들로 2016년 현재까지 모두 31명의 과학 천재들이 헌정되어 있다.

최무선(崔茂宣), 이천(李蕆), 장영실(蔣英實), 세종대왕(世宗), 이순지(李純之), 허준(許浚), 최석정(崔錫鼎), 홍대용(洪大容), 서호수(徐浩修), 정약전(丁若銓), 김정호(金正浩), 김점동(金點童), 이원철(李源喆), 윤일

선(尹日善), 우장춘(禹長春), 조백현(趙伯顯), 이태규(李泰圭), 안동혁(安東赫), 김동일(金東一), 석주명(石宙明), 장기려(張起呂), 현신규(玄信圭), 최형섭(崔亨燮), 김순경(金舜敬), 김재근(金在瑾), 한만춘(韓萬春), 이임학(李林學), 조순탁(趙淳卓), 허문회(許文會), 이호왕(李鎬汪), 이휘소(李輝昭)

'과학기술인 명예의 전당'에 헌정될 수 있는 기본 자격은 우선 역사적 정통성을 지닌 우리나라 과학기술 선현 또는 대한민국 국적을 보유한 과학기술인으로 한정된다. 또한, 탁월한 과학기술 업적으로 국가 발전 및 국민복지 향상에 기여한 사람들로 모든 과학기술인들의 귀감이 되고 국민들의 존경을 받을 만한 훌륭한 인품을 갖춘 인물을 대상으로 한다.

이들을 선정할 때 고려되는 업적 기준도 구체적이다. 우선 과학기술 분야로 한정하되 원칙적으로 국내에서 이룩한 업적을 대상으로 하며 역사적으로 검증되었거나 국제적으로 공인되어야 한다. 더불어 국가의 과학기술 발전에 기여해야 하는 것은 물론이다.

이런 기본 자격과 업적 기준을 통과하여 '과학기술인 명예의 전당'에 헌정되어 있다는 것은 이들이 한민족으로서는 상당한 과학적 업적을 쌓았다는 것을 인정받았다는 것을 의미하며 현대적인 기준으로 보면 천재의 반열에 들어간다고 해도 과언이 아니다.

과학 자체가 미지의 것을 탐구하는 것으로 수많은 과학자에게 공통적으로 발견할 수 있는 것은 단 한 가지다. 무언가 새로운 것을 찾아내거나 발견하고 이를 토대로 이론을 만들거나 입증하여 그동안 알지 못했던 미지의 영역을 알려주려는 것이다. 그러므로 과학이란 의미를 정확하게 모르던 조선시대의 인물임에도 과학자들로 분류하여 '과학기술인 명예의 전당'에 헌정한 것은 이들 모두 시대를 초월하여 남다른 것을 추구했다는 뜻이다.

이 책의 기본은 현재까지 수많은 과학자가 명멸하였지만 그 중에서도 남다른 재주를 가진 천재들의 일생을 찾아보는 것이다. 한마디로 누구보다도 다른 능력을 갖춘 과학자들을 의미하는데 '과학기술인 명예의 전당'에 헌정되어 있는 사람 중에서 20세기를 살았던 사람 중에서 과학의 각 분야로 구분하여 선정했다.

이원철(李源喆, 1896~1963) : 천문학

우장춘(禹長春, 1898~1959) : 농학

이태규(李泰圭, 1902~1992) : 화학

리승기(李升基, 1905~1996) : 화학

이임학(李林學, 1922~2005) : 수학

조순탁(趙淳卓, 1925~1996) : 이론물리학

이호왕(李鎬汪, 1928~) : 의학

이휘소(李輝昭, 1935~1977) : 이론물리학

우리나라는 아직 노벨 과학상 수상자가 배출되지 않았지만 후보자로 거론되거나 충분한 자격을 갖춘 과학자들이 있다. 이곳에서 설명되는 우장춘(禹長春), 이태규(李泰圭), 이호왕(李鎬汪), 이휘소(李輝昭) 박사가 그들인데 이들 중에서 이호왕 박사는 아직도 생존해 있다.

반면에 리승기(李升基) 박사는 일제강점기 시대에 일본에서 연구한 후 북한에서 서구의 노벨상에 버금가는 공산권의 노벨상으로 불리는 '레닌상'을 수상하여 노벨상 반열에 들었다 해도 과언이 아니다. 리승기 박사는 대한민국에서 완전히 잊혀진 인물로 '과학기술인 명예의 전당'에 헌정되어 있지 않다. 나일론에 이어 세계에서 2번째로 합성섬유인 비날론을 개발하여 세계적인 학자로 우뚝 솟았지만 한국에서는 거론되지 않는 비운의 학자이다. 그러나 한국 과학의 천재라는 틀을 감안한다면 이곳에 포함되어야 마땅한 과학자라는 평가다.

이 책에 포함된 과학자마다 남다른 의미를 갖고 있다는 것을 이해할 수 있을 것이다.

이 종 호

차 례

제1장

천문기상학을 개척한 우리나라 최초의 이학박사
이원철

• 생애(1896~1963) 및 경력

1896년 : 8월 19일 이중억의 넷째 아들로 서울에서 태어남
1919년 : 연희전문학교 수학물리과 졸업
1922년 : 미국 엘비온대학 졸업
1923년 : 미국 미시간대학 이학석사 취득
1926년 : 미국 미시간대학 이학박사 취득 (천문학)
1926 ~ 1938년 : 연희전문학교 수학물리과 교수
1945 ~ 1948년 : 군정청 학무국 기상과장 겸 관상대 대장
1947년 : 한국기상학회 초대회장
1948 ~ 1961년 : 국립중앙관상대 초대 대장
1954 ~ 1965년 : 인하공과대학 초대 학장
1960년 : 대한민국학술원 회원
1961 ~ 1963년 : 연세대학교 재단이사장
1963년 : 세상을 떠남

• 업적

독수리자리 에타별에 대한 연구
연희전문학교에서 천문학 교육
국립관상대 초대 대장으로서 우리나라 기상 업무 정착에 기여
교육 및 사회활동을 활발히 전개

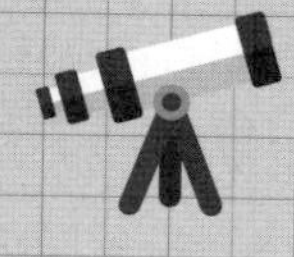

제 1 장

우리나라 최초의 이학박사 이원철

| 이원철 박사

우리나라 천문·기상학의 효시라 불리는 이원철은 1896년 8월 19일 서울 중구 다동(당시 경성부 공평동 80)에서 이중억의 4남으로 태어났다. 그의 집안에 대해서는 이원철의 형 이원상이 1929년 미국 영사관 통역관으로 지냈다고 하는 것 외에는 별로 알려진 것이 없지만 뛰어난 기억력의 신동으로는 잘 알려져 있다.

이원철은 어릴 때부터 기억력이 탁월하고 수치 계산에 빨라 주변 사람들로부터 신동이라 불렀다고 한다. 원주율을 소수점 아래 수십 자리까지 외울 정도였고, 그의 이런 기억력은 성인이 되어서도 여전하여 중앙관상대 대장으로 근무하던 시절에는 필요한 전화번호를 모두 암기하고 있어 전화번호부 찾을 일이 거의 없었다. 또 정식 학교에 입학하기 전까지 5년간 한학을 공부했는데, 이후 틈나는 대로 한서를 탐독해서 한학에도 조예가 깊었다.

보성중학교와 오성학교를 거쳐 선린상업학교에서 수학한 이원철은 1915년에 연희전문학교 수학 및 물리과에 입학한다. 연희전문에 입학한 다음 해, 그러니까 그가 2학년 때는 1학년생에게 수학(통계)을 가르쳤다고 한다. 당시 실력 있는 교수가 부족한 탓도 있었지만, 그만큼 그의 재주가 뛰어남을 보여주는 대목이다. 한 번은 연희전문 수학 교수인 선교사가 풀지 못하는 난제를 10분 만에 풀어냈고 이후로도 여러 차례 교수가 풀지 못하는 문제들을 간단히 풀어내 그들의 감탄을 샀다.

1919년 연희전문을 졸업한 이원철은 2년 동안 모교에서 수학 강사로 활동한 후 미국 유학길에 오른다. 집안 형편이 그리 좋지 못했음에도 그가 미국 유학을 갈 수 있었던 것은 연희전문 스승이었던 선교사들의 도움이 컸다. 연희전문 교수였던 베커와 루퍼스가 그의 재능을 높이 사 모든 경비를 후원해주고 유학생활을 도와준 것이다.

베커(Arthur Lynn Becker, 1879~1979)는 미국 앨비온대학을 졸업하고 1905년 부인과 함께 내한하여 연희전문 교수가 된 사람이고, 루퍼스(Will Carl Rufus, 1876~1946)는 베커와 같은 앨비온대학 출신으로 1907년 부인과 두 아들을 데리고 내한하여 평양 베커 부부 집에서 3주일 머물며 조선의 생활을 익히다가 정착하게 된 사람이다. 둘은

대학 3학년 때 함께 하숙한 일도 있다고 한다. 이원철은 연희전문에서 이 두 교수로부터 수학, 물리학, 천문학 등을 배웠다.

미국에 간 이원철이 처음 다닌 대학은 바로 앨비온대학이었다. 게다가 이들 교수로부터 배운 분야를 공부했다. 이런 사실로 볼 때 이원철이 두 교수의 영향을 얼마나 받았는지 짐작할 수 있다. 앨비온대학은 디트로이트 서쪽 140km에 있는 조그만 인문계 대학인데, 현재는 약 1,500명의 학생이 다니고 있다.

1년 만에 앨비온대학을 졸업한 이원철은 대학원에 진학한다. 대학원은 그의 스승 루퍼스가 교수로 있던 미시간대학으로 옮겼다. 미시간대학은 오늘날 미국의 대표적인 명문 대학 중 하나이다. 앨비온대학에서 디트로이트 쪽으로 한참 더 가면 나오는 도시 앤아버에 위치한 이 대학에는 디트로이트 천문대가 있었다. 바로 이 천문대에서 이원철은 하늘을 관측하여 한국 최초의 박사 학위를 얻었다.

루퍼스가 천문학교수로 있던 미시간대학으로 옮긴 이원철은 본격적인 천문학 연구를 시작한다. 그리고 1922년 이학석사를 받고 미국 유학생활 5년 만인 1926년 드디어 박사 학위를 취득한다. 우리나라 사람으로는 최초의 이학박사가 된 것이다.

1934년에 발간된 〈연희동문회보〉 제2호를 보면 1919년 1회로 졸업한 수학물리과 출신은 이원철을 포함해 전부 네 명이었고, 이 네 명이 전원 미국에 유학 간 것으로 되어 있다. 그러나 박사 학위까지 취득한 이는 이원철뿐이었다.

| 독수리자리 에타별

에타별은 맥동변광성

이원철에게 박사 학위를 안겨준 논문의 제목은 〈독수리자리 에타별의 하늘에서의 운동(motions in the atmosphere of Eta Aquilae)〉이었다. 이 논문에서 이원철은 독수리자리 에타별에 대한 정교한 분광학적 관찰과 계산을 통해 그 별이 맥동변광성임을 밝혀냈다. 맥동변광성은 시간에 따라 밝기가 변하는 변광성의 하나로, 별이 팽창과 수축을 반복하기 때문에 밝기가 변한다.

이원철은 이 논문에 앞서 「사자자리 로별의 시선속도 변화(Changes in the Velosity of ρ Lenois)」라는 논문을 발표한다. 이 논문에서 그는 미시간대학 천문대에서 관측한 분광사진을 분석해 사자자리 로별의 시선속도가 그동안 알려진 평균값보다 16km/s 이상 큰 50.5~63.3km/s에 이르며, 이것으로 미루어볼 때 그 별의 시선속도가 실제로 변하고 있다고 밝혔다. 시선속도는 물체가 시선 방향으로 가까워지거나 멀어질 때의 운동 속도를 말하는데, 항성의 시선속도를 통해 항성의 자전, 신성의 폭발, 분광쌍성의 궤도 등을 이해할 수 있다.

그는 이 시선속도에 대한 연구를 바탕으로 1926년 박사 학위 논문에서 독수리자리 에타별에 대한 다양한 결과들을 구해 맥동설을 뒷받침했다. 미시간대학 천문대에서 31.5인치 카세그레인 반사망원경과 프리즘 분광기를 이용해 71회의 분광학적 관측 결과를 얻고 이를 세밀하게 분석·계산하여 시선속도를 비롯한 항성 대기의 운동을 연구해 위와 같은 결과를 얻어 냈다.

독수리자리는 여름철에 하늘을 남북으로 가로질러 흐르는 은하수 가운데 있는 별자리로, 일등성인 알타이르는 우리나라에서 견우성으로 잘 알려져 있는 별이다. 에타별은 약 7일을 주기로 4~5등 사이로 광도가 변하는 세페이드 변광성으로 1784년 빛의 밝기가 변한다는 사실이 영국의 아마추어 천문학자 에드워드 피고트(E. Pigotte)에 의해 발견된 이후 여러 천문학자들이 관심을 가져왔으며, 이원철의 지도교수인 미시간대학의 루퍼스 교수도 그중의 한 명이었다.

한편 국내 언론이나 대중들에게 에타별이 '원철별'로 알려졌는데 그것은 그가 에타별을 새로 발견했다고 잘못 알려졌기 때문이다. 한국인으로 처음 이학박사 학위를 얻은 이원철에 대한 국민의 관심은 뜨거웠다. 1929년 12월에 발간된 『삼천리』 잡지의 내용을 보면 이를 실감할 수 있다.

"……미국 미시간대학의 학창(學窓)에 파묻혔을 때에도 뛰어난 그의 재능은 수리 문제를 향함에 풀지 못하는 것이 없고 또 천재라 하리 만치 독창성이 있어 수천 년 동안 정예의 과학을 가지고도 수백의 세계 천문학도가 찾지 못하던 유명한 별 한 개를 역학의 힘을 통하여 발견하였다. 이에 대해 천문학자들은 놀라 마지않아서 그 별 이름을 '원철성'이라고 칭한다고 한다. 미시간대학 총장은 '이원철 군은 지금까지 동양의 미국 유학생 중 처음 보는 수재일뿐더러 구미에서도 드문 놀라운 학자'라고 극찬을 했다.……"

하지만 엄격히 말하면 그는 에타별을 발견한 것이 아니고 그 별이 맥동변광성임을 밝혀낸 것이다. 이원철의 논문은 당시에는 천문학의 최첨단 연구에 속했지만, 일반인들에게는 맥동이니 변광성이니 하는 문제는 이해하기 어려운 내용이었다.

현대 천문학의 초기 발달 과정에 있던 당시 천문학자들이 큰 관심을 가지고 있던 연구 주제의 한 가지는 바로 변광성의 원리에 관한 것이었다. 별이 밝아졌다, 어두워졌다 한다는 사실을 처음 알게 되기는 1596년 파브리치우스(Fabricius)부터라고 한다. 그리스 이래 이때까지 모든 별은 완전무결하여 변화할 수 없는 것이라 믿고 있던 서양 사람들에게 이 사실은 놀라운 일이었다. 하늘의 세계도 완벽한 것이 아님을 보여주었기 때문이다.

근대 천문학의 발달은 이런 불완전한 하늘을 보다 잘 설명해 보기 위해 발달했다고 할 수도 있다. 바로 그 10여 년 뒤에는 갈릴레이가 망원경으로 하늘을 처음 관찰하여 달 표면이 울퉁불퉁하며, 목성에는 달이 3개나 있고, 은하수에는 무수히 많은 별이 있다는 사실 등등을 처음 알아냈다. 하늘은 이제 더 이상 완벽한 세계일 수 없음이 밝혀진 것이다. 완벽하다는 뜻에서 그전까지 하늘의 세계를 '코스모스(cosmos)'라 불렀지만 이제 더 이상 코스모스란 없게 된 셈이었다.

천문학자들은 별빛이 변하는 원인을 두 별들이 서로 돌면서 식(食, 한 별이 다른 한 별을 가려서 밝기 변화가 나타나는 현상) 현상을 일으키기 때문으로 설명했다. 하지만 20세기 들어 새로운 설명이 등장하게 되었는데, 1914년 하버드 천문대의 샤플리(H Shapley)가 내놓은 학설은 별 가운데에는 스스로 커졌다가 작아졌다 하는 맥동성(脈動性, pulsation)을 가진 것들도 있다는 주장이었다. 이원철이 유학한 시기에는 바로 천문학자들이 이런 별을 찾아 연구하는 경우가 많았고, 그는 바로 그런 별 가운데 하나인 에타별을 골라 그 맥동성을 연구해 낸 것이었다. 이 별은 약 1주일을 주기로 4~5등 사이를 왔다 갔다 하는 변광성이다. 또 이 별이 속한 독수리자리는 바로 유명한 견우성(牽牛星)이 1등성의 밝은 별로 들어 있기도 하다.

귀국 후 국내에 천문학 보급

이원철이 미국에서 거둔 학문적 성과는 식민 지배를 받고 있던 우리 민족에게 커다란 자부심을 안겨 주었다. 비록 많은 사람이 이원철의 천문학 연구를 충분히 이해하지 못하고 단순히 그가 '에타별'을 처음 발견했다고 잘못 알고 있었으나, 서구 학자들과 어깨를 나란히 하는 연구 성과를 거두었다는 사실은 민족의 자랑거리가 되기에 충분했다.

이에 부응이라도 하듯 이원철은 박사 학위를 받자마자 귀국했다. 그리고 모교인 연희전문의 교수가 되어 천문학과 물리학을 가르치는 한편, 서울 YMCA의 일반인 대상 교양 강좌에서 과학 강좌를 맡았다. '원철성의 발견자'가 진행하는 '목요 강좌'에는 많은 사람이 참석했으며, 이 강연을 통해 그는 과학의 대중화와 과학 지식 보급에 힘썼다. 이원철은 1930년대의 월간지에 「소년 천문학(少年天文學)」이라는 칼럼에서 칠월(七月)의 천상(天像)을 자세히 그리고 재미있게 설명하고 있다.

또 당시 유일한 과학교육 기관이었던 연희전문의 짜임새 있는 운영과 발전에도 크게 기여했다. 당시 국내 여건으로는 미국에서 수행했던 연구 활동을 계속할 수 없었던 그는 대신 교육에 모든 정열을 쏟았다. 그리고 일제강점기는 물론 해방 이후까지 우리나라 천문학 분야의 독보적인 존재로서 천문학의 기초를 다지기 위해 많은 노력을 기울였다.

사실 일제강점기에는 중등학교 과정에서 태양계에 관한 매우 간단한 내용만 다루었고 제대로 된 천문학 강의는 이루어지지 않았다. 그러나 연희전문만은 예외였다. 루퍼스에서 베커, 그리고 이원철로 이어진 강의는 당시 거의 유일한 천문학 강의였다. 연희전문 건물 옥상의 임시 천문대에는 15cm 굴절망원경이 설치되어 있었고, 이원철은 이 망원경을 이용해서 실제적인 천문학 강의를 할 수 있었다. 그러나 이 망원경은 1942년 일제가 전시 물자로 징발해가고 말았다.

1935년 이원철의 스승이었던 미시간대학의 루퍼스 교수가 안식년 휴가를 얻어 한국에 돌아왔다. 그는 1년간 머물면서 천문학에 관한 우리의 옛 문헌과 유적을 조사하는 작업을 하게 되었고, 이원철이 이에 적극적으로 참여하여 처음부터 끝까지 스승의 연구를 도왔다. 특히 이원철이 정식 학교에 입학하기 전 한학을 5년간 사숙한 경력이 있고 틈틈이 한서를 읽었으므로 이를 바탕으로 루퍼스의 연구를 지원할 수 있었다.

루퍼스는 1년간의 연구 결과를 왕립아시아학회 한국지회의 잡지에 발표했다. 그 결과가 바로 「한국천문학사」라는 최초의 우리 천문학사의 영어 논문이다. 이 논문 말미에서 루퍼스는 백낙준, 정인보와 함께 이원철의 도움에 대해 감사 인사를 표했다. 이 논문은 고대에서부터 조선 시대까지 전통 천문학을 개괄한 것으로, 34장의 관련 유물 사진도 담고 있다.

1926년부터 1938년까지 12년 동안 연희전문의 교수로 재직하던 이원철은 연희전문 학감을 마지막으로 학교를 떠나게 된다. 당시 시대 상황으로 유추해볼 때 그는 간접적으로 시국 사건에 연루되어 학교를 떠나야 했던 것으로 보인다. 그리고 연희전문을 떠나 해방을 맞이할 때까지 이원철의 활동에 대해서는 알려진 바가 없다.

해방이 되자 연희전문은 연희대학으로 새로운 출발을 하게 되었으며, 이원철의 활동 역시 재개되어 최규남과 함께 기상학과를 독립된 학과로 신설하고 이학부장과 기상과장을 맡으며 후에 기상학과는 물리기상학과로 개편되었다.

이원철은 해방을 맞이하자 연희전문의 재건에 참여하는 한편, 관상감을 부활시키는 데 많은 힘을 쏟았다. 관상감이란 조선 시대 천문, 지리, 기상과 관련한 사무를 담당하고 역서를 펴내던 관청이었는데, 1894년의 갑오경장 이후 기구가 대폭 축소되어 관상소라는 명칭으로 바뀌었다. 1907년을 전후하여 인천, 서울, 평양, 대구에 신식의 기상관측을 위해 측후소가 설립되었고 서울 측후소가 편력과 일기예보를 담당하였다. 이 측후소들은 일제강점기 때 조선총독부 관측소로 넘어갔고 1940년 조선총독부 기상대가 되었다.

이원철이 관상감에 관심을 가지게 된 것은 1935년 루퍼스의 한국 천문학에 대한 연구를 도왔던 것이 계기가 되었을 것으로 생각된다. 관상감을 비롯해 천문·기상에 관한 유물 및 문헌을 다루면서 그 가치와 의미를 이해하게 된 그는 해방이 되자 미 군정청 관계자와 만나 관상감 부활 문제를 논의했다. 그러자 군정청은 이원철에게 기상 관련 업무를 맡아줄 것을 부탁했다. 그에 따라 이원철은 1945년 미 군정청 학무국 기상과 과장이 되었으며, 그해 10월 2일 관상대 복구 결정을 얻어내 조선총독부 기상대를 관상대로 재조직하고 자신이 대장을 맡았다. 그리고 관상대의 부족한 인력을 확충하기 위해 관상대 실습학교를 개설하여 중학교 졸업자 35명을 등록시켜 교육과 훈련을 시켰다.

이처럼 빠른 시간 안에 관상대 복구 사업이 추진될 수 있었던 것은 이원철의 적극적인 노력, 그리고 그의 학문적 경력에 대한 군정청 관계자들의 신뢰와 기상 자료에 대한 필요성 등이 결합된 결과였다.

관상대는 대한민국 정부가 수립된 후 문교부 산하 국립 중앙관상대로 개칭되었다. 국립 관상대에는 관측과, 예보과, 통계과 등의 기상 관련 부서와 역서 편찬을 담당한 천문과, 행정 사무를 담당한 총무과가 있었다. 이후 지방 측후소(14개소) 및 출장소(2개소)를 세우는 등 기상 행정 조직의 틀을 갖추어 나갔으며, 기상기술원 양성소를 통해 필요한 인력을 키워냈다.

한편 이원철은 관상대 직원을 중심으로 1947년 한국기상학회를 조직했다. 이는 1963년에 창립된 오늘날의 한국기상학회의 전신이라 할 수 있다. 이원철은 1961년 5월까지 15년 이상 국립관상대 대장으로 재임하면서 우리나라 기상 및 천문학과 관련된 인재를 양성하고 제도를 확립하여 초창기부터 기상 업무를 정착시키는 데 크게 기여하였다.

이원철은 국립관상대 초대 대장으로서 자신의 직접 역 계산에 나서 역서(曆書)를 편찬했다. 역서는 음력 날짜, 일월식, 조석, 24절기, 매일의 일월 출몰 시각 등을 계산한 결과를 담고 있는 책으로서 국민의 실생활과 밀접하게 관계될뿐더러, 조선 시대의 관상감이 담당한 가장 중요한 임무의 하나인 자주적인 독립국임을 나타내는 상징적인 의미도 지니고 있었다. 그동안 이러한 업무는 모두 일본인이 독차지하고 있었기 때문이다.

이원철이 공을 들여 일본인들이 독차지하던 역일 계산과 책력 편찬을 재개했는데 놀랍게도 그가 부딪친 의외의 일은 음력의 부활이었다. 태양력을 정식으로 채택한 것은 고종 33년(1896)이었으므로 경술국치보다 14년 전의 일이다. 그럼에도 불구하고 당시의 사람들은 일본의 영향으로 할 수 없이 음력을 버리게 된 것으로 잘못 알고 있었고, 또 24절기가 음력으로만 계산되는 것이라고 알고 있었다.

해방과 더불어 그동안 금지되어 오던 음력 민간력이 여기저기서 출판되었다. 그리고 사람들은 음력이야말로 우리 고유의 역이며, 농사철을 알아내는 데 꼭 필요한 역이라고 맹목적으로 알고 있었다. 음력으로 일상생활을 택일하는 일은 마치 일제에 항거하거나 분풀이를 하는 행위로까지 비약했다. 이런 시대 조류의 변화로 인하여 이원철은 어디를 가나 또 누구를 만나게 되던지 화젯거리와 토론 주제 중 하나는 음력이 과학적인가 하는 것이었다. 1949년 10월에 쓴 그의 글에는 다음과 같은 구절이 있다.

> '해방 이래로 민간 출판업자들이 역서를 간행함에 있어서 대개가 천세력을 그대로 옮김으로써 삭현망과 24절기의 시각에 심한 착오를 하고 있다. 그 한 예로, 기축년(1949) 음력은 2월이 대이고 3월이 소이거늘, 민력에는 이와 반대로 되어 있다. (중략) 중앙정부가 발행하는 정확한 역서에만 의존하여 현혹됨이 없기를 바란다.'

임시 수도 부산에서 『1952년도 역서』가 발간되었는데 이원철이 쓴 '머리말'에는 그의 안타까운 심경이 담겨 있다.

'을유 해방 이래로 연연히 역서를 간행하기를 7회나 되나, 아직도 음력 월일의 대조를 부기함은 재래의 관습에 젖고 또 역리를 알지 못하는 농가들을 위함임을 양해하기 바란다. 역리에 대한 계몽운동을 전국적으로 철저히 시행하여 일반인으로 하여금 음력은 실로 절기에 맞지 않고 오직 양력이라야 부합함을 깨닫게 한 연후에 비로소 음력을 전폐함이 옳을까 여기는 바이다.'

그의 줄기찬 노력은 그가 관상대장으로서 마지막 역서 『1961년도 역서』를 발간할 때까지 계속된다.

물론 그의 주장이 모두 옳은 것은 아니다. 박성래 박사는 오히려 양력은 미신적이며 음력이야말로 과학적이라고 설명한다. 우리가 '과학적'이라는 기준으로 사용하는 잣대 중 하나는 바로 서양 것은 과학적이고 우리의 전통은 비과학적이라는 태도이다.

음력은 날이 가는 것을 달의 운동으로 기준 삼고 계절의 변화는 24절기로 나타내어 달과 해의 움직임을 그대로 나타낸 과학적인 역법이다. 음력을 사용할 때 계절을 알기 위해서는 24절기를 보며 날짜는 달의 모양을 알 수 있다. 그런데 양력을 오래 사용하다 보니 날짜로서 계절의 변화마저 예측하려고 하여 잘 맞지 않는데 여기에 전통적 역술 행위로 볼 수 있는 '토정비결' 등이 음력을 기준으로 하므로 더욱 미신적으로 매도한다.

그런데 양력은 아무 의미도 없는 1월 1일을 새해 시작으로 본다. 더구나 7월과 8월은 연속으로 31일, 2월은 평년인 경우 28일밖에

되지 않는다. 이는 로마 황제 시저와 아우구스투스의 출생 월을 하루라도 더 길게 기념하기 위한 것임을 알면 양력이 모순 투성이라는 것을 알 수 있다. 이 문제는 여기서 더 이상 설명하지 않지만 양력은 양력대로 장단점이 있고, 음력은 음력대로 장단점이 있다. 현재의 달력에도 음력에 관한 날들이 삽입되어 있는 이유다.[1)]

과학의 대중화에 앞장

이원철은 관상대 대장 업무에 힘을 쏟으면서 4학년 학생들에게 천문학을 강의했다. 또한, 이원철은 연희전문 교수 시절이나 국립관상대 대장 시절 내내 대중 계몽 강연뿐 아니라 일반인을 위한 과학 대중화 저술 활동을 꾸준히 계속하였다. 월간 교양지 7월 호 「소년 천문학」이라는 칼럼에 실린 글에는 별의 수, 큰곰자리, 작은곰자리, 처녀자리, 칠석에 관한 전설, 백조자리 태양, 목성, 금성 등에 대해 설명하고 있다. 글을 통해 그의 대중 강연을 맛보자.

> '별이 총총한 하늘을 매일 주의해서 바라보면 그 반짝이는 무수한 별이 서로서로 사이의 배치된 모양은 변치 않고 매일 조금씩 돌아서 일 년간을 주기로 서쪽으로 운행함을 알게 될 것이다. 이러한 별들은 우리 태양계로부터 아주 먼 곳에 있는 천체로서 태양과 같이 광을 발하는 소위 항성이다. 그 수효는 망원경 없이 육안으로만 볼 수 있는 것은 전체 하늘에 약 7,000개에 불과하고, 한때 볼 수 있는 별의 수효는

1) 『한국사에도 과학이 있는가』, 박성래, 교보문고, 1997

불과 2,000~3,000개이다. 그러나 큰 망원경을 통하여 보면 그 수효가 이보다 훨씬 많다. 세계 최대인 100인치 반사망원경을 사용하면 그 수효가 약 10억 개 이상 되고 이론상으로는 300억 개를 넘는다. 이와 같이 무수한 별의 위치를 표시하기 위하여 천문학상에서는 천구(天球)에 구획을 지어서 여러 성좌(星座)로 나누었는데 현행되는 성좌의 수효는 모두 88개가 있다. 여기에는 7월의 초저녁 하늘에 잘 보이는 성좌 중 주요한 몇 개에 대하여 기술코자 한다.

큰곰자리와 작은곰자리의 전설에 대해 알아보면, 이 두 성좌가 곰의 명칭을 얻게 된 이유인즉 이러하다. 고대의 신화에 전하는 전설에 의하면 하늘의 신 주피터의 왕비 주노는 심사가 좋지 못한 여신이었다. 그녀는 자기 남편 주피터가 바다의 여신 칼리스토를 사랑하여 아카스라는 아들이 탄생하자 질투심에 칼리스토를 큰 곰으로 변하게 하였다. 곰이 된 칼리스토는 하는 수 없이 인가를 떠나서 산속으로 들어가서 살았다. 그 후 아카스가 장성하여 어느 날 깊은 산에 사냥하러 갔다가 큰 곰 한 마리를 보고 활로 쏴 잡으려 하였다. 그 큰 곰이 자기 친모인 줄도 모르고 활을 쏘려는 것을 주피터가 하늘로부터 내려다보고 깜짝 놀라서 곧 모자를 함께 하늘로 올려 같이 있게 만들었다. 그리하여 북쪽 하늘 북극 근처에 있는 작은곰자리는 아카스의 화신이오, 큰곰자리는 칼리스토의 화신이라 한다. 큰곰자리의 꼬리에는 북두칠성이 포함되어 있고, 작은곰자리는 북극성을 포함하고 있는데 사람들은 이것을 보고 시간을 측정하거나 계정을 정하고, 특히 항해자들은 위치를 알아내는 데 이용했다.'

「취미 과학」이라는 칼럼에서는 적중하지 않는다는 기상예보에 대한 변명도 곁들어 서술하고 있다.

'민도(民度)가 날로 향상되어 가고 있는 오늘날에도 기상이라 하면 우선 천문을 연상하게 될 만큼 우리나라에서 아직도 천문과 기상을 혼동하는 경향이 많은 것은 실로 유감된 일이 아닐 수 없다. 물론 고대로부터 조선 말엽에 이르기까지 장구한 세월 동안 기상학이라는 것은 없고 다만 천문학의 일분과로서 여겨져 왔던 것은 사실이다. 그러나 오늘날에 와서 기상학은 천문학에서 벗어나 독립된 하나의 과학으로서 발족하게 되었다. 아마 모든 과학 중 제일 나이가 어린 학문의 하나가 기상학일 것이다. 천문학이 우주 간의 성좌라든가 별들의 운행 및 그 구조 등을 연구하는 학문이라 할 것 같으면 기상학은 그 범위를 좁혀서 우리가 살고 있는 지구와 지구를 에워싸고 있는 대기 중에서 일어나는 자연 현상을 연구하는 학문이라 할 수 있다. 이와 같이 기상학에서 취급되는 범위는 천문학에 비하면 문제가 되지 않으리만큼 적기는 하나 기상학 내용으로 보면 허황하기 짝이 없을 만큼 넓다 아니할 수 없는 것이다.

지구 상에서 일어나는 자연 현상을 생각해 볼 때 지리적 위치와 지세에 따라 그 차이가 얼마큼 크다는 것은 우리들의 상식으로 능히 짐작할 수 있는 바이기 때문에 기상 예보를 운운하려면 무엇보다도 우선 그 지방의 지리에 능숙하지 않으면 안 되는 것이다.'[2)]

한국 천문 기상 분야에 커다란 발자취를 남긴 과학자

우리나라 천문·기상학의 효시라 불리는 이원철은 1926년 우리

---

2) 『명예전당에 오른 한국의 과학자들』, 박택규 · 이종호, 책바치, 2004.

나라 최초의 이학박사 학위를 미국 미시간대학교에서 받았다. 독수리자리 에타별에 대한 그의 연구는 국외 과학 학술지에 실려서 국제적으로 명성을 얻었을 뿐 아니라 국민들에게 원철성(源喆星) 또는 원철스타로 널리 알려져 식민지하의 한국인에게 민족적 자긍심을 심어 주었다.

또 귀국 후 연희전문 교수로 재직하면서 천문학 교육과 과학 대중화에 온 열정을 쏟았고, 해방 직후에는 연희대학을 부활시키는 데 기여했다. 게다가 국립관상대 대장으로 15년 이상 있으면서 기상 인력을 양성하고 관련된 법과 제도를 정비하여 기상 업무 정착에 큰 발자취를 남겼다. 또 인하공과대학 설립 과정에 참여하여 초대 학장으로서 1954년부터 1956년 말까지 신설 대학의 기초를 닦았다. 인하공대는 과학기술 분야의 지도적 인재를 양성할 목적으로 설립된 학교로 학계에서 존경받는 전형적인 과학자인 이원철을 학장으로 모셨던 것이다.

또 이원철은 YMCA 재단 이사와 이사장을 역임했는데, 자신의 전 재산(갈월동 가옥 및 금곡리 임야 등 3만 6,000여 평)을 YMCA에 기부하여 마지막까지 사회봉사를 실천했다. 우리나라의 천문학과 기상학 분야를 개척하는 데 앞장선 과학자, 교육자로서 기억되는 우남 이원철 박사는 1963년 3월 14일에 사망했다. 1986년 서울 논현동에 개관한 YMCA 강남지회 건물의 강당은 우남 이원철 박사를 기념하기 위해 우남홀로 명명되었다. 이원철의 호가 우남(羽南)이기 때문이다.

한국인이 과학 분야에서 박사 학위를 받기 시작한 시기는 1920~1930년대 무렵부터이다. 3·1운동의 영향으로 한민족이 스스로 실력 양성에 기울여야 한다는 자각에 따라 많은 사람이 외국 유학에 나섰다. 지식인들이 외국으로 나섰으나 대부분 문과를 택하고 이과는 적어 과학기술 전공자는 소수였다.

일반적으로 후술 하는 이태규는 이 시기에 가장 널리 알려진 한국을 대표하는 과학자였다. 1931년 일본의 명문 교토제국대학에서 화학을 전공해 3년 만에 박사 학위를 받자 조선일보, 동아일보 등 국내 신문은 '조선이 낳은 최초의 이학박사'라며 축하했다. 하지만 이 기사는 잘못된 보도이다.[3)]

한국인으로 이학박사 학위를 처음 받은 사람은 이태규가 아니라 이원철이다. 이원철은 1926년 미국 미시간대학교에서 이태규보다 5년 일찍 이학박사 학위를 받았기 때문이다. 연희전문학교 수리과 1회 졸업생인 그는 선교사의 후원으로 미국에 건너가서 천문학을 전공해 한국인으로서는 가장 먼저 이학박사가 되었다. 그런 면에서 이태규 박사는 일본에서 이학박사 학위를 받은 최초의 인물이자 화학 분야의 제1호 박사라고 볼 수 있다.

'과학기술인 명예의 전당'에 헌정된 내용은 이원철의 다양한 업적을 다음과 같이 정리하여 기리고 있다.

---

3) 『해방전후사의 인식 3』, 한준상, 한길사, 1987.
『한국천문학사』, 나일성, 서울대출판부, 2000.
「한국과학사의 다윗(Dawiet) 이원철」, 박성래, 과학과 기술, 2003년 11월호.

① 독수리자리 에타별에 대한 연구

우리나라 최초의 이학박사인 이원철은 박사 학위 논문에서 독수리자리 에타별이 시간에 따라 팽창과 수축을 되풀이하며 밝기가 변하는 맥동변광성임을 정교한 분광학적 관측과 계산으로 밝혔다. 이 연구는 당시 천문학계에서도 매우 앞서가는 연구 주제로, 해외 과학 학술지에 상세히 발표됐다. 그의 학문적 성취는 당시 식민 지배를 받던 우리 민족에게 자긍심을 심어줬고, 독수리자리 에타별은 '원철별'로 소개되어 널리 알려지게 됐다.

② 연희전문학교에서 천문학 교육

박사 학위를 받고 귀국한 이원철은 연희전문학교의 교수가 되어 12년간 수학과 천문학을 가르치고 행정 책임을 맡으며 학교의 운영과 발전에 크게 공헌했다. 당시 국내 여건상 미국에서 수행했던 천문학 연구를 계속할 수는 없었지만 대학 교육과 YMCA의 대중 강연을 통해 자신의 학문적 열정과 재능을 교육에 쏟았다.

③ 국립관상대 초대 대장으로서 우리나라 기상업무 정착에 기여

해방을 맞아 이원철은 한국 전통 시대에 천문과 기상업무를 담당했던 관상감의 재건에 적극 나서 조선총독부 기상대를 관상대로 재조직하고 초대 대장을 맡았다. 1961년까지 관상대 책임자로서 기상 및 천문 분야의 인력을 키우고, 법과 제도를 확립하여 우리나라 천문기상 행정의 정착에 기여했다. 또한, 관상대 직원을 중심으로 한국기상학회를 조직하여 우리나라에 기상학이 뿌리내리게 했다.

④ 교육 및 사회활동을 활발히 전개

이원철은 인하공과대학 설립 과정에 참여했고, 초대 학장으로 선임되어 신설 대학의 기초를 닦았다. 또한, 연희대학과 세브란스의과대학의 통합 과정에 합동위원으로 참여했고, 연세대학교 재단 이사장을 역임하는 등 비록 강단에 서지는 않았지만 지속적으로 교육과 관련된 역할을 맡으면서 교육에 열정을 쏟았다. 그리고 YMCA 재단 이사와 이사장을 역임했으며, 자신의 전 재산을 YMCA에 기부하여 마지막까지 사회봉사를 실천했다.[4)]

4) http://www.kast.or.kr/HALL/

제2장

한국인으로 노벨상에 가장 근접했던 육종학자

우장춘

(禹長春, 1898~1959)

• 생애 및 경력

1898년 : 부 우범선과 모 사카이 나카의 아들로 일본 도쿄에서 태어남 (본관 : 단양)

1919년 : 일본 도쿄제국대학 부설 농학실과(전문학교) 졸업

1919 ~ 1937년 : 일본 농림성 농사시험장 연구원

1935년 : 일본 도쿄제국대학 농학박사 취득(원예육종학)

1937 ~ 1945년 : 일본 다키이종묘회사 초대 연구농장장

1950 ~ 1953년 : 농업과학연구소 초대소장

1952년 : 한국재건임시위원회 위원

1953년 : 임시농업지도요원 양성소 부소장

1953 ~ 1958년 : 중앙원예기술원 원장

1958 ~ 1959년 : 원예시험장 초대 장장

1959년 : 대한민국 문화포장, 세상을 떠남

• 업적

일본 재래 배추와 양배추를 교배, 한국 환경에 맞는 배추를 개발

제주도 환경에 적합한 감귤 재배를 권함

종의 합성 이론을 제창하여 진화론의 새지평을 이루었으며, 이 내용은 현대 유전학 교과서에서도 중요한 내용으로 소개되고 있음

유채를 일본으로부터 도입하여 제주도에서 재배할 수 있는 계기를 제공

씨 없는 수박을 개발

제 2 장

한국인으로 노벨상에 가장 근접했던 육종학자 우장춘

우리나라는 지금껏 과학 분야의 노벨상 수상자를 한 명도 배출하지 못했다. 가장 큰 이유로 우리나라의 기초과학이 약하다는 점을 꼽는다. 그런데 놀랍게도 일제강점기의 우장춘은 우여곡절의 파란만장한 일생으로 점철되었고 한국의 열악한 여건 속에서 분투하다가 사망했지만 노벨상에 가장 근접했던 과학자이다. 우장춘에 대한 '과학기술인 명예의 전당'에 적힌 우장춘의 업적으로 보아도 그의 공로를 알 수 있다.

| 우장춘

우장춘은 '종의 합성' 이론을 실험적으로 입증하여 세계 유전육종학

의 발전에 이바지한 과학자이다. 그는 한국전쟁으로 피폐해진 조국 땅에 홀로 돌아와 채소를 비롯한 감자, 귤 등의 우량종자를 개량하여, 종자 생산과 자급을 실현하는 데 결정적으로 기여했다. 또한, 연구기관을 세우고 연구 인력을 배출하는 데 힘써 한국 농학의 뿌리를 다졌다.

'과학기술인 명예의 전당'에 헌정된 우장춘에 대한 공식 업적이다. 우장춘이 누구냐고 반문하는 사람도 '씨 없는 수박'이라면 한국의 세계적인 육종학자가 만든 수박이라고 금방 떠올린다. 사실 한국 근대의 과학자 가운데 그의 이름만큼 널리 알려진 사람은 거의 없었다고 해도 과언이 아니다. 해방 직후 우리나라가 과학의 황무지였을 때 대표적인 친일파의 아들이라는 멍에 속에서도 일본에서 귀국하여 어려운 환경 속에서 연구에만 몰두하다가 갑자기 쓰러졌기 때문에 더욱 기억에 남는 인물이다.

우장춘은 여러 가지 면에서 매우 불운하게 살았다. 이곳에 등장하는 인물 중에서 너무나 굴곡이 많고 극적이어서 많은 사람에게 호기심과 감동을 불러일으킨다. 그는 평탄한 삶을 살지 못했음에도 한국인들에게 가장 잘 알려진 과학자이기도 하지만 그의 업적으로 잘 알려진 '종의 합성'은 그가 조금만 더 오래 살았다면 노벨상을 받았을 것으로 추정한다. 한마디로 한국인으로 노벨상에 가장 근접했지만 이를 아는 사람은 거의 없어 더욱 아쉬움을 준다.

불운했던 어린 시절

우장춘의 집안은 한국인과 일본인이 복잡하게 얽혀 있다. 근대 이후 일찍이 복잡한 혈통의 가계를 형성한 보기 드문 경우다. 그의 어머니와 부인은 일본인이고 동생과 자녀들도 일본인으로 살아갔다. 반면에 그의 아버지, 이복 누나, 이모부 등은 한국인이었다. 혈통으로 볼 때 우장춘은 한국인과 일본인의 피를 이어받은 혼혈아로서 한국에는 물론 일본에도 여러 명의 친척이 있었다.[1)]

그는 일본 도쿄에서 한국인 우범선(禹範善)과 일본인 어머니 사까이 나카 사이의 장남으로 1898년 4월 8일에 태어났다. 그의 아버지는 우리 근대사에 아주 중요한 한 페이지를 차지하고 있는 인물로 조선 정부가 일본 군대의 도움을 받아 창설한 소위 신식 군대인 별기군(別技軍)의 참령(參領, 현 소령급)으로 봉직하던 고위급 인사였다. 그런데 1895년 을미사변, 즉 주한공사 미우라 고로가 경복궁에 침입하여 명성황후를 시해했을 때 일본인들의 궁궐 침입을 방조하는 등 소위 을미사변을 주도한 주범이다.

| 우장춘의 어린 시절

우창춘의 어린 생활은 매우 불운했다. 아버지 우범선이 1903년 자객

1) 『한국 과학기술 인물 12인』, 김근배 외, 해나무, 2005.

고영근(高英根)에 의해 피살될 때 그의 나이는 5세, 어머니는 31세, 살해당한 아버지는 46세였다. 아버지가 살해된 후 설상가상으로 우장춘의 어머니가 유복자로 우장춘의 동생 우홍춘을 낳았지만 생계를 이어갈 방법이 없었다. 친일파에다 국모 시해범으로 지탄받았던 우범선의 가족을 돕는 사람들이 없으므로 한두 끼쯤 굶는 것은 예사였다고 술회했다.[2)]

우장춘의 어머니는 그를 고아원에 맡긴 채 남의집살이를 했다. 우장춘은 평생 자식들에게 음식을 가려먹지 말라고 가르쳤는데 감자를 먹지 않는 것을 보고 딸이 항의하자 자기는 보통 사람들이 평생 먹고도 남을 만큼의 감자를 고아원 시절에 먹었다고 대답했다는 일화도 있다.[3)] 여섯 살이 돼서야 형편이 나아진 어머니와 동생과 함께 히로시마로 옮겼다. 우장춘은 히로시마 현 구레에서 초등학교와 중학교를 마쳤다. 성적은 보통으로 평범하고 무난한 학생인데 수학을 잘해 장차 공학을 공부하겠다는 생각을 갖고 있었다.

중학교를 마친 그는 도쿄제국대학 공과에 입학원서를 제출했다. 그러나 학비 조달이 막연한 차에 마침 관비 장학생을 모집한다는 것을 알고 총독부에 신청서를 내었는데 장학금을 주되 공과가 아니라 농학부 실과에 진학한다는 조건이었다. 조선총독부는 조선인에게는 과학 분야에 종사하는 것을 봉쇄했지만 실업 교육은 강조했다. 당대의 많은 조선인이 농업 분야에 진출한 이유로 우장춘 역

---

2) 『명예전당에 오른 한국의 과학자들』, 박택규 · 이종호, 책바치, 2004.
3) 『한국인의 과학정신』, 박성래, 평민사, 1993.

시 실과 교육을 받으면 장학금을 주겠다는 것이다.

조선총독부의 제안대로 1916년 실과에 진학한 우장춘은 3·1운동이 일어난 1919년에 졸업(3학년)과 함께 일본 농무성 소속의 농사시험장에 취직하면서 타고난 연구자로서 육종에 열성을 보인다. 1921년 일본인 초등학교 여교사 스나가고 하루와 결혼했고 농사시험장 기수(技手)로 승진했다. 당시 그가 임명받은 기수는 한국인으로서는 감히 엄두도 내지 못하는 매우 인정받는 자리였다. 그가 기수가 되는 데는 시험장 데라오 박사의 뒷받침이 큰 작용을 했다. 우장춘이 데라오 박사에게 기수로 발탁해 주어서 감사하다고 말하자 다음과 같이 말했다.

> "우장춘 군, 자네의 그만한 실력과 근면 성실한 자세 앞에서는 이 일본인 데라오도 양심을 속일 수 없었다네. 모두가 나의 도움이 아니라 자네의 떳떳한 실력이었네."

기수가 되면서 비로소 생활의 안정을 얻게 된 우장춘의 연구 의욕은 날로 왕성해졌다. 그는 농업시험장의 바쁜 일상생활에서도 박사 학위에 유달리 강한 집념을 갖고 있었다. 그가 이토록 박사 학위를 받으려고 애착을 보인 것은 도쿄제국대학 농학부 농학실에 입학했는데 이 당시 농학실은 정식 학부가 아닌 전문학교 과정인데다 한국인이라는 민족 차별에 대한 대응 수단으로 여겼기 때문이다. 여하튼 그는 1936년 5월 도쿄제국 대학으로부터 「종의 합성」이란 논문으로 농학박사 학위를 받는다. 종의 합성이란 말에 주목하기 바란다. 농학박사가 된 우장춘은 농사시험장 만년기사(萬年技師)로 발령받았는데 이 자격은 일본에서도 최고의 영예 중의 하나였다.

그런데 우 박사는 만년기사로 발령받은 바로 다음 날 만년기사직을 반환한다. 그가 일본식 성으로 창씨개명하기를 거부했기 때문이다. 그 후에도 계속 창씨개명을 거부하자 결국 다음 해인 1937년, 근 20년이나 근무한 농사시험장에서 쫓겨난다. 당시는 중일전쟁이 한창으로 학생들에게 단발령이 실시되고, 일본 천황의 사진을 각급 학교에 배부하여 경배토록 하였다. 조선에서 이들 조치에 독립운동가를 비롯하여 지식인들의 분노가 들끓고 있으므로 창씨개명을 하지 않은 그를 일본 정부의 기관에서 근무하게 할 수 없다는 것이다. 그는 농사시험장에서 쫓겨나가면서도 끝내 창씨개명을 거부했다.[4)]

물론 그의 이름을 일본식으로 읽어 '나가하루 우(Nagaharu U)'라는 영어 이름으로 논문을 발표했는데 우장춘이 성을 우(禹)로 고집한 것은 그 나름대로 조국에 대한 사랑의 표시였음이 분명하다. 반면에 그는 2남 4녀의 자식들은 어머니의 성을 따르게 했다.[5)]

여하튼 농사시험장에서는 쫓겨났지만 그의 연구 실적이 워낙 탁월했으므로 우장춘은 곧바로 인근의 다키이 농장장으로 자리를 옮겨 연구에만 몰두했다. 1942년에는 『원예와 육종』이라는 잡지를

---

4) 『명예전당에 오른 한국의 과학자들』, 박택규 · 이종호, 책바치, 2004.
5) 『동양에서 처음 지전설을 주장한 홍대용』, 박성래, 과학과 기술, 2003년 9월호.

발간하여 육종 연구의 수준을 높이고 연구 성과를 널리 알리는 데도 힘을 썼다. 한국인과의 만남도 이 무렵부터 본격적으로 이루어졌다. 연구농장에는 견습생으로 한국인 청년 5~6명이 있었으며 한국의 대표적인 과학자인 이태규, 리승기, 박철재 등과도 교유했다. 1945년 해방을 맞이했는데 농장 주인 다키이 사장은 한국에 있는 자신의 농장 부지가 몰수되지 않도록 현지에 가서 수단을 발휘해 달라고 요청했지만 우장춘은 이를 거절하고 농장에 사표를 내고 나왔다. 그는 평소에 도움을 주던 교토의 죠호지(長法寺)에서 농장을 경영하면서 때를 기다리고 있었다.[6)]

30년의 연구 업적을 갖고 귀국

해방 직후 우리나라에는 자격 있는 과학기술자가 손가락으로 꼽을 정도로 드물었다. 그 때문에 이미 세계적인 육종학자로 손꼽히던 우장춘에 대한 국민의 관심은 고조되어 그의 귀국은 초미의 관심사였다. 결국, 우장춘 박사는 1950년 3월 '우장춘 박사 환국촉진위원회'의 주선에 의해 귀국한다. 그가 귀국할 때 환국촉진위원장인 김태홍에게 보낸 편지에서 우 박사의 솔직한 심경을 알 수 있다.

> 환국의 날을 앞둔 나는 착잡한 감격을 감출 길 없습니다. 해방과 동시에 나는 근 30년간 연구하여 오던 일본의 직장을 사임하고 교토 교

---

6) 『한국인의 과학 정신』, 박성래, 평민사, 1998.

외 사원(寺院)의 일우에서 칩거한 지 어언 4년 반, 그동안 나는 고국의 하늘을 바라보며 얼마나 그리워했는지 모릅니다. 나의 일편단심은 언제나 조국에도 농업을 연구하는 기관이 생겨서 내 목숨을 바쳐 일할 날이 올 것인가 하는 것이었습니다.

1950년 3월 8일 귀국한 우장춘은 그의 환영회에서 다음과 같이 말했다.

저는 지금까지는 어머니의 나라인 일본을 위해서 일본인에게 뒤떨어지지 않을 정도로 노력해 왔습니다. 그러나 지금부터는 아버지의 나라인 한국을 위해서 최선을 다할 각오입니다. 저는 이 나라에 뼈를 묻을 것을 여러분께 약속합니다.

우장춘은 동래에 있는 한국농업과학연구소의 소장을 맡았으며 환국촉진위원회에서 우장춘의 가족생활비로 송금한 100만 엔을 가족의 생활비로 사용하지 않고 책과 실험용 기구, 각종 종자 등 연구 활동에 필요하다고 생각되는 물건들을 구매해 들여왔다.

해방 직후 한국의 열악한 환경 속에서 한국농업과학연구소는 이름만 연구소이지 전기, 수도는 물론 기거할 방조차 제대로 없는 형편없는 시설이었다. 이승만 대통령이 그를 불러 경무대(청와대)를 방문할 때에도 마땅한 예복이 없어 평상복인 고무신과 잠바 차림으로 갈 수밖에 없었다. 이때부터 우 박사의 별명은 '고무신 박사'였다. 이 대통령은 우장춘 박사를 만날 때마다 "대한민국에 와서

고생을 많이 하는데 도와줄 수 없는 것이 몹시 안타깝다."라고 말만 할 뿐 당시 대한민국의 경제력 때문에 별다른 대책을 세워주지 못했다. 그러나 이에 굴복할 우 박사가 아니며 낙후된 농촌의 모습을 보고 품종 개발 의지를 더욱 높였다.

우장춘은 먼저 우량한 채소 품종을 만들어 그 종자를 대량 생산해서 일반 농민의 손에 쥐여주고자 했다. 그가 품질을 개발한 신종 무와 배추는 1954년부터 보급되기 시작하여 1956, 1957년에 벌써 국내 자급이 가능할 정도가 되었다. 특히 1950년대 초반만 해도 국내 배추는 이파리만 크고 맛이 없었지만, 그의 노력으로 태어난 배추 '원예 1호'와 '원예 2호'가 나오면서 병충해에 강하고 맛도 있고 속이 꽉 찬 배추를 식탁 위에 올릴 수 있게 됐다. 양파와 고추 역시 그의 노력으로 지금의 맛을 지닐 수 있었다.[7)]

감자의 생산에도 큰 관심을 기울였다. 당시 국내에서 수확되는 씨감자가 바이러스 병균으로 인해 수확량의 50~80퍼센트가 감소되는 것을 발견하고 이 문제를 해결하기 위해 강원도 대관령에 시험지와 채종포를 설치했다. 그의 연구는 대성공을 거두어 우 박사가 개발한 무병 씨감자는 한국전쟁 이후 식량난을 해결하는데 크게 기여했다. 동시에 제주도 서귀포 동홍리에 감귤을 재배하는 기술 연구를 하여 오늘날의 감귤 재배 기술을 체계화하는데 크게 기여했다.[8)]

---

7) 「"꽃이 국민의 감성 치유할 것"……카네이션 개량 앞장선 우장춘」, 박근태, 한국경제, 20160508.
8) 『명예전당에 오른 한국의 과학자들』, 박택규 · 이종호, 책바치, 2004.

노벨상에 가장 근접한 연구 업적

우장춘이 조금만 더 오래 살았다면 한국인으로는 최초로 노벨상 수상 대상자가 되었을지도 모른다는 말에 의아하게 생각하는 사람들도 있을 것이다. 대체로 '씨 없는 수박'을 만든 사람이라고는 알고 있지만 우장춘이 노벨상을 받을 만한 업적이 무엇인지조차 잘 알려지지 않았기 때문이다. 우장춘의 연구 업적이 잘 알려지지 않은 것은 그의 연구가 일제강점기 때 일본에서 주로 화훼 분야에 이루어졌고 광복되어 한국에 귀국한 이후에는 한국의 민생을 위한 실무 현장에 투신하였기 때문이다. 특히 그의 연구를 이해하기 위해서는 상당한 유전자 지식으로 무장해야 하는데, 그의 연구는 유전자 지식이 잘 알려지지 않았을 때 진행된 것이다. 여하튼 그가 한국인으로 가장 근접한 노벨상 수상 대상자로 거론되는 근거는 다소 복잡한 '종의 합성'이란 연구 때문으로 이에 대해 보다 구체적으로 설명한다.

그의 첫 번째 연구논문은 1926년 『일본유전학』 잡지에 게재된 「종자로서 감별할 수 있는 나팔꽃 품종의 특성에 대하여」이다. 이 논문을 필두로 우장춘은 계속해서 피튜니아와 나팔꽃의 변이(變異), 자가불온성(自家不穩性), 돌연변이 등 화훼(花卉)의 유전 연구에 골몰했다. 특히 피튜니아에 관한 연구는 그를 단번에 세계적인 유전학자로 명성을 얻게 했다.

피튜니아는 장식이나 정원용 꽃으로 많이 이용되는 화초의 일종이다. 그러나 홑피기(싱글)의 피튜니아는 포기가 작고 볼품이 별로 없지만 겹피기 꽃(더블)은 크고 화려하며 색깔이 다양하다. 그런데 과거의 겹피기 피튜니아는 불과 반수에서만 겹꽃을 피웠다.

여기에서 유장춘은 싱글(열성 겹꽃-PP)과 더블(우성 겹꽃-DD)의 1대(代)잡종에서 우수한 D계통을 육종해 낼 수 있는 교잡채종(交雜採種)의 원리를 도입하여 전수(全數) 겹꽃을 피게 하는 데 성공했다. 그가 시험장에서 육종에 성공한 겹피튜니아 꽃은 대단한 성공을 보여 외국으로 널리 팔렸고 그의 신종 씨앗을 취급한 사다까라는 종묘회사는 피튜니아 세계 시장을 독점하는 엄청난 수익을 올리게 했다.

다음으로 우장춘이 발표한 유채(油菜)의 유전과 육종에 관한 연구는 그를 명실상부한 세계적인 유전학자로 자리매김하는 데 부족함이 없는 연구이다. 우장춘의 연구 요지는 현존종(現存種)을 재료로 하는 다른 현존종을 실험적으로 만들어 이 둘을 합성할 수 있다는 것이다. '종은 기존하고 있는 종간(種間)의 교잡(交雜)으로 새로운 종을 낳는데 이것은 그들이 지니고 있는 세포 내 염색체 수의 배가에 의한 것(異質倍數體形成)'이라는 새로운 학설을 주장한 것이다. 그는 자신의 논지를 보다 증빙하기 위해 배추류 작물의 잡종에 관한 연구를 통해 감수분열(減數分裂), 이배체(二倍體) 및 삼배체를 발표했다. 그의 논문은 '종(種)의 합성'이라는 새로운 유전자 연구 분야를 개척한 것으로 그 의의가 있는데 잘 알려진 '씨 없는 수박'이나 '겹피튜니아 꽃'은 종의 합성에서 얻어진 신종(新種)이라 볼 수 있다.

우장춘이 거론한 유전자 연구가 노벨상 수상을 거론할 정도로 현대 과학에서 매우 중요하게 다루어지는 것은 실제로 그의 이론을 기초로 한 맥클린토크의 '도약이론'이 1983년 우여곡절 끝에 노벨상을 받았기 때문이다. 맥클린토크의 노벨상은 공산권과 민주권 간의 정치 문제로까지 비화된 것은 물론 진화론과 창조론 간의 핵심 논쟁으로까지 이어져 더욱 세간의 관심을 모았다. 그런데 그 핵심 논지를 우장춘 박사가 제기한 것이다.

1859년 다윈이 발표한 『종의 기원』에서 설명한 진화론의 논지는 생존 경쟁과 적자생존에 의한 자연 도태 원칙에 의해 종의 진화가 이루어진다는 것이다. 즉 양친의 생식세포의 단순한 결합으로 서로 형질(形質)이 다른 개체를 낳는다는 것이다. 그러나 진화론의 문제점은 바로 적자생존을 위한 변위가 자손에게 쉽사리 전달되지 않는다는 이론, 즉 '획득형질'은 쉽게 유전되지 않는다는 것이 정설로 인정되고 있었다는 점이다.

서양의 창조론자들은 『성경』에 적힌 대로 신이 모든 생물을 창조했다고 주장하고 이를 '참'으로 인정해야 한다고 주장했다. 반면에 진화론자들은 인간도 비슷한 종들인 공통 조상에서 유래했다고 주장했다. 진화론자들은 인간은 몇백만 년 전에 인간과 원숭이의 공통 조상에서 분리되었다고 설명한다. 현대 과학으로 무장한 사람들로 볼 때 창조론자의 주장이 다소 이해가 안 된다고 말하는 사람들도 있겠지만 창조론자들이 진화론을 집요하게 추궁하는 것은 진화론에 두 가지 설명하기 어려운 결정적인 문제점이 있었기 때문이다. 더욱이 그 문제점의 발단은 종교적인 면에서 나온 것이 아니라 과학 분야에서 제기된 것이다.

첫째는 진화론이 어떤 유기체로부터 새로운 유기체가 진화되는 것은 비교적 모순 없이 밝혔다 하더라도 생명이 원초적으로 탄생하는 과정을 설명하지 못했다는 점이다. 둘째는 진화론의 골격은 어떤 이유로든 새로운 환경에 적응하기 위해 습득된 형질이 유전자에 의해 후손에게 전달된다는 것인데 이에 대한 결정적인 증거가 없었다는 점이다. 진화론 자체가 습득된 형질이 유전되어야 한다는 점에는 이론의 여지가 없다.

인간이 태어날 때까지의 이론을 비교적 알기 쉽게 제시한 진화론이지만 형질 변경이 쉽게 일어나지 않는다는 것은 진화론에 치명적이지 않을 수 없다. 일반적으로 알려진 것처럼 상당히 많은 시간, 즉 형질 변경이 일어나기 위해서 몇십만 년에서 몇백만 년이 걸린다고 한다면 그동안에 습득된 형질이 계속 보존된다는 것은 거의 불가능하다는 지적이다. 간단하게 생각하여 습득된 형질이 변경되는데 100만 년이 걸린다면 일반 동물의 생명을 20년으로 볼 때 50,000세대를 지나야 한다. 50,000세대를 지나서 어떤 변화가 일어났다고 했을 때 그것을 100만 년 전에 일어났던 환경의 변화로 볼 수 있느냐이다.[9)10)]

형질이 변경되려면 장시간이 필요하다는 다윈의 설명은 증거 찾

9) 『이것이 생물학이다』, 에른스트 마이어, 몸과 마음, 2002.
10) 『내가 듣고 싶은 과학교실』, 데이비드 엘리엇 브로디 외, 가람기획, 2001.
『생명 생물의 과학』, 윌리엄 K. 푸르브, 교보문고, 2003.

는 것이 간단하지 않다는 것을 의미하는데 여기에 틈새를 준 것이 다소 긴 이름을 갖고 있는 라마르크(Jean Baptiste Pierre Antoine de Monet Chevalier de Larmarck, 1744~1829)이다. 다윈보다 진화론이라는 개념을 먼저 제시한 라마르크는 습득한 형질이 단시간에 걸쳐 유전될 수 있다고 주장했다.

그의 형질 변경에 대해 설명은 명쾌하다. 라마르크는 자연적인 변이는 환경의 영향을 받은 결과이며 이 변이가 다음 세대로 즉시 유전된다고 주장했다. 다음 세대로 이어지는 변이들은 생명체가 특정한 환경에서 살아남을 수 있는 기본적인 능력을 갖추는 데 가장 적합한 변이들이라는 것이다.[11] 그가 제시한 예는 기린이었다. 영양이 높은 곳에 있는 나뭇잎을 먹으려고 오랫동안 목을 늘이다 보니 기린이라는 새로운 종으로 변했다는 설명이다. 반면에 두더지나 도롱뇽의 눈처럼 계속해서 사용하지 않는 기관은 퇴화한다는 주장이다.[12]

엄밀한 의미에서 라마르크와 다윈의 이론은 차별화되는 점이 있으므로 별개의 이론으로 설명되기도 한다. 라마르크는 진화의 요인이 획득 형질의 유전이라고 본 반면에 다윈은 진화의 주된 추진력을 획득 형질의 유전보다는 생존경쟁을 꼽았다는 점이다. 그러나 큰 틀에서 라마르크의 설은 다윈의 진화론에 흡수된다는 점을 이해하는 것이 중요하다.[13]

---

11) 『종의 기원, 자연선택의 신비를 밝히다』, 윤소영, 사계절, 2004.
12) 『종의 기원』, 다윈, 삼성출판사, 1983.
13) 『종의 기원, 자연선택의 신비를 밝히다』, 윤소영, 사계절, 2004.

다윈이든 라마르크 등 형질 변경이 중요하다는 점에서 동일하지만 라마르크는 단시간에 형질 변경이 가능하다는 설명이므로 많은 학자가 선호했다. 한마디로 잘 연구하면 당대에 형질 변경의 증거를 찾을 수 있는 가능성을 열어주기 때문이다.

전 세계의 학자들이 형질 변경의 증거를 찾는데 도전했다. 그러나 이런 중차대한 문제는 여러 가지 걸림돌이 생기고 또 그에 대한 희생자가 생기기 마련인데 이 와중에서 냉전이라는 세계적인 정치 문제까지 개입되어 진화론은 보다 복잡한 양상으로 전개된다. 러시아를 무너뜨리고 공산국가를 세운 구소련의 스탈린은 1922년 마르크스주의에 입각하여 부르주아 과학에 반격을 가했다. 공산주의에 근거한 이념은 정신세계뿐만 아니라 과학의 세계에서도 자본주의의 '부르조아 과학'이 아닌 '프로레탈리아 과학'으로 거듭 태어나야 한다는 것이다.[14)]

곧바로 진화론으로 세계의 과학계가 양분되는 초미의 사건이 벌어지는데, 자유 진영은 단시간의 형질 변경이 불가능하다는 주장에 손을 들었고 공산 진영은 단시간에 형질 변경이 가능하다는데 손을 들었다.

소련의 형질 변경 구원투수

진화론이 세계 정치 논리로 변질되어 학계가 흙탕물로 범벅이 되

14) 『과학의 순교자』, 이종호, 사과나무, 2014.

는데 소련이 단기간에 형질 변경이 가능하다고 주장하는 데는 소련의 유전학자이자 정치가로 볼 수 있는 트로핌 데니소비치 리센코(Trofim Denisovich Lysenko, 1898~1976)가 있었기 때문이다.

리센코는 1898년 9월 러시아의 우크라이나 지방 폴타바의 카를로프카에서 태어났다. 부모가 농부였으므로 교육을 제대로 받지 못하다가 부유한 지주들을 위한 정원사를 양성하는 폴타바 원예학교를 졸업하고 1917년에 우만에 있는 농과대학을 거쳐 1922년에는 키예프 농과대학을 졸업하였다. 리센코는 오르조니키드제 중앙식물품종개량 연구소에서 콩의 새 품종을 연구하여 식물이 생장 시기마다 필요로 하는 온도, 빛, 습도가 다르다는 사실을 발표했다. 이들 논문은 학계의 커다란 주목을 받았으며, 이어서 1928년 밀의 생산량을 획기적으로 증가시킬 수 있는 '야로비 농법'을 발표하여 당시의 집권자들을 놀라게 했다.

원래 야로비 농법이란 겨울철 농작물의 씨앗을 몇 주 동안 저온처리하여 봄철에 심는 것으로 '춘화(春花)처리'라는 이름으로 수백 년 동안 농민들이 사용한 방법이다. 춘화처리의 기본은 대략 영하 2도에서 영상 12도의 범위의 저온에서 50일 정도 실시하며 이와 같은 처리를 받아 봄에 파종하거나 이식하면 보통보다 단기간에 라이프사이클을 완결한다. 따라서 여름이 짧은 지방에서 춘화처리가 된 식물은 가을이 오기 전에 수확이 가능하다.[15)]

소련은 정부가 국민들의 식량을 책임지는 공산주의이므로 농산

15) 『과학자의 두 얼굴』, 과학나눔연구회, 일진사, 2015.

물 증산이 가능하다는 그의 주장은 곧바로 채택되었고 소련의 많은 지역에서 그의 방식을 채택하여 농사에 들어갔다. 당시 러시아 농업은 관료들마저 넋을 잃을 정도로 엉망이었는데 우크라이나 지방에서 소맥을 재배하는 데 춘화처리를 조직적으로 적용한 결과 과거보다 3배의 수확을 얻었다고 우크라이나 인민위원회에서 공식적으로 보고했을 정도다. 그는 이어서 툰드라 지방에는 토마토, 중앙아시아 지역에는 사탕무를 재배하는 것이 좋다고 제안했다. 리센코의 업적은 워낙 두드러졌으므로 1930년에 오뎃사 유전학 연구소장으로 임명된다.[16]

춘화처리 자체는 그동안 러시아에서 잘 알려진 내용인데 리센코가 큰 호응을 받은 것은 이전의 농부들이 경험에 의해 야로비 농법을 사용했던 것과는 달리 이론적인 근거를 제시했기 때문이다. 그런데 그가 밀의 유전적 성격을 아주 단순하게 변형시킨 야로비 농법이야말로 '신라마르크주의'가 옳다는 것을 증명한다는 주장으로 설명되자 일파만파의 파장을 몰고 왔다.[17]

야로비 농법이 그동안 세계 학자들이 고대하던 형질 변경의 증거라고 설명되자 서방, 즉 민주 진영은 곧바로 반격에 나섰다. 리센코가 단기간에 형질 변경이 가능한 것이 '참'이라면 형질 변경이 된다는 엄연한 증거를 대라는 것이다. 리센코는 자신이 발표한 내용 자체가 증거라며 자신의 주장을 꺾지 않았다. 그렇다고 리센코가

---

16) 『한권으로 보는 인물 과학사』, 송성수, 북스힐, 2012.
17) 『생명 생물의 과학』, 윌리엄 K. 푸르브, 교보문고, 2003.

서양 학자들의 주장을 무작정 묵살한 것은 아니다. 그 역시 기본이 학자이므로 서방 측의 요구대로 형질 변경의 증거들을 계속 발표했다. 한마디로 리센코는 자신의 주장하는 습득된 형질이 변경될 수 있다는 이론적 근거를 내세우며 서방 측 학자들의 지적을 조목조목 반격했다.

논제의 요점은 자연 속에서 자발적인 변형 유전의 예를 발견했다는 것인데, 밀 이삭에서 보리나 호밀로 변할 수 있으며 나무들도 종을 바꾸어 다른 품종으로 거듭 태어난다는 뜻이다. 그의 주장에서 핵심은 봄철에 자라는 마카로니 밀(염색체 28)을 보통계 밀(염색체 42)로 변형시킬 수 있다는 주장으로 소위 염색체가 변형될 수 있다는 것이다. 이를 적용하면 완두에서 가라스노완두, 가라스노완두에서 랜틸콩, 캐비지에서 스웨덴 카브라로, 전나무에서 소나무, 한노기에서 자작나무로 전환될 수 있다. 그는 자신의 이론을 증명하기 위해 막대한 수의 논문을 공동 연구자들과 함께 발표했다.[18]

그의 열정은 소련에서 인정받아 승승장구하면서 1948년 '세계주의'를 표방하는 스탈린의 투쟁이 절정기에 이를 때, 스탈린이 직접 리센코의 「생물학의 입장에 관하여」라는 논문에 주석을 붙이고 수정까지 하였다.[19]

리센코의 논지는 환경의 조작에 의해 유전적인 변화가 인공적으로 만들어질 수 있다는 것은 물론 형질 변경을 위해 무한정의 기간

---

18) 『과학자의 두 얼굴』, 과학나눔연구회, 일진사, 2015.
19) 『한권으로 보는 인물 과학사』, 송성수, 북스힐, 2012.

을 요구하지 않아도 가능하다는 것이다. 리센코의 주장과 우장춘의 '종의 합성'이 유사하다는 것에 주목할 필요가 있다. 리센코가 발표하는 논문을 엄밀히 검증한 학자들은 그를 지지하는데 주저하지 않았다. 당시에 습득된 형질이 변경된다는 증거를 발견하지 못해 안달하던 차에 리센코가 염색체가 달라진다고 주장하자 공산권이든 자유 진영이든 많은 학자가 학술적인 면에서 큰 진전을 이루었다고 평가했다.

당연히 그의 정치적 성향은 어떻든 리센코는 유전학 분야에서 세계적인 학자로 부각되었다. 서방 과학자인 앨런 모턴은 1951년에 『소련 유전학』이라는 책을 발간하면서 리센코주의는 '세계 역사상 혁명적인 사건'이라며 극구 칭찬했다.

그러나 당대의 정치 역학상 공산 진영과 민주 진영은 극과 극이었다. 리센코가 서방 학자들의 주장을 조목조목 반박하면서 습득된 형질이 단기간에 일어날 수 있다고 기염을 토했지만, 일부 학자들을 제외하고 대부분의 서방 세계의 학자들은 그의 주장을 공산당의 상투적인 선전으로 일축했다. 그가 아무리 많은 논문을 제출해도 리센코가 내세운 내용 자체를 믿을 수 없다는 것으로 한마디로 공산당이 만든 논문이므로 조작이 분명하다는 주장까지 제기되었다. 결국 형질 변경을 둘러싼 진화론은 논문의 진위 여부를 떠나 서방 세계와 공산 세계 학자들 간의 자존심 싸움으로까지 비화되었다.

문제는 리센코의 춘화처리를 전 소련 영토에 중점적으로 보급했으나 모든 곳에서 성공을 거두지 못한 것은 물론 춘화 처리하지 않은 곳보다 실적이 나쁜 것도 속속 나타났다는 점이다. 한마디로 소련의 농산물 생산이 기대만큼 좋아지지 않은 것이다. 그러자 서방에서는 정치적인 목적에 과학이 영합할 때의 단적인 폐해로 리센코의 주장을 계속 거론하였고 공산주의가 실패하는 근본 요인으로까지 비화되었다. 좀 더 진지하게 말한다면 리센코는 이데올로기와 상충하는 과학 기술을 거짓 틀에 맞추려고 했기 때문에 소련의 과학에 깊은 상처를 입혔다는 뜻이다. 결국, 그의 절대적인 지지자였던 소련의 집권자 스탈린과 후르시초프가 사망하자 리센코는 정치계와 연구계에서 추방된 후 쓸쓸하게 사망했다. 한마디로 형질 변경이 단기간에 의해 일어날 수 있다는 그의 주장은 서방 측의 집요한 공격에 사망선고를 받은 것이다.

노벨상이 증빙해 준 형질 변경

1983년, 야생 옥수수를 사용해서 연구를 하던 바바라 맥클린토크(Barbara McClintock, 1902~1992)가 노벨 생리·의학상을 수상했다. 그녀의 이론은 전 세계를 경악시키기에 충분했다. 그녀는 유전자가 그 개체의 일생 동안에도 변화한다는 소위 단시간에 형질 변경이 가능하다는 것을 주제로 삼았기 때문이다.

맥클린토크는 코네티컷 주 하트포트에서 태어났는데 그곳은 미국에서 가장 작은 주 중 하나지만 유럽인들이 최초로 이주하고 또 최초로 영국으로부터 독립한 유서 깊은 역사를 자랑하는 곳이다. 맥클린토크는 일곱 살에 학교에 들어갔는데 자기가 더 이상 응석받이가 아니라며 어머니의 포옹을 단호하게 거절했다고 한다. 특히 바바라는 평생 동안 짧은 머리를 하고 살았다. 이후에도 그녀는 자기의 개성을 꺾지 않는 성격은 계속 견지되어 그녀를 아는 사람들은 이구동성으로 바바라가 항상 외톨이였고 혼자서 모든 일을 해결하려는 독립적인 사람이었다고 말한다. 1958년 노벨 생리·의학상을 수상한 조슈아 레더버그(Joshua Lederberg)는 그녀를 "맹세코 그 여자는 미쳤거나 아니면 천재입니다."[20]라고 평했다.

노벨상을 받은 맥클린토크이므로 천재로 인정받지만 그녀의 생애를 보면 평범한 생활을 하지 않았다는 것을 알 수 있다. 1918년 바바라는 월반하여 고등학교를 한 학기 먼저 졸업하고 노동사무소에서 일자리를 얻었다. 만으로 열여섯인데 그녀는 이곳에서 6개월간 구직자들을 상담하면서 세상을 알게 되었고 1919년 부모의 뜻을 거스리고 코넬대학 농과대학으로 진학했다. 그녀가 이 대학을 선정한 것은 당시에 여자대학교가 아닌 남녀 공학 중에서도 여학생에게 자연과학을 공부할 수 있도록 배려한 곳은 시카고대학과 코넬대학 두 군데뿐이었기 때문이다.

코넬대학에 입학했지만 수업에 흥미를 느끼지 못한 학과에는 출석조차 하지 않아 F학점을 받은 과목도 적지 않았지만 흥미를 느낀 지질학 같은 과목에서는 최우수 점수를 받았다. 후일담이기는 하

20) 『사이언스 퍼스트』, 로버트 E. 아들러, 생각의 나무, 2003.

지만 지질학 시험에서 답안 작성에 몰두한 나머지 마지막에 이름을 쓰려고 했지만 아무리 애써도 자기 이름이 생각나지 않았는데 시험지를 제출하기 바로 직전에 자기 이름이 생각나 써넣었다고 한다. 개성이 강한 바바라가 졸업하기 1년 전 유전학 강의에 열성을 갖자 유전학 교수가 그녀에게 전화를 걸어 대학원 강의를 듣도록 권했다. 대학원에 진학한 맥클린토크는 옥수수 세포 연구에 초점을 맞추었는데 옥수수는 식료품이나 가축 사료, 술의 원료나 엔진용 연료로 널리 사용되었기 때문에 매우 중요한 작물이었다.

옥수수는 1년에 두 번 이상은 열매를 맺지 않는다. 그 때문에 알에서 성충이 될 때까지 열흘 정도밖에 걸리지 않는 초파리보다 실험 연구에 많은 시간이 걸리지만 이를 상쇄할 수 있는 특별한 특징이 있으므로 유전학자들이 많이 연구했다.

옥수수 한 자루에 수백 알의 열매가 맺히는데 열매는 제각각 긴 '수염'을 자라게 하는 배가 수분(受粉)한 결과 탄생한다. 그 때문에 열매 하나하나가 모두 유전학적 성질이 조금씩 다르며 유전자의 차이는 보라색 · 노란색 · 갈색 · 흰색 등 색의 차이로 나타난다. 그래서 옥수수 수분을 조절하면 유전적 특성을 고찰할 수 있다. 1924년 맥클린토크는 옥수수 세포를 관찰한 결과 옥수수가 10종류 20개의 염색체를 갖는다는 사실을 발표하여 학자들을 놀라게 했다.

1927년 바바라는 식물학 박사를 받고 코넬대학에서 시간강사로 시작하며 1929년에서 1931년까지 옥수수에 대한 탁월한 논문을 9편이나 발표하여 학계의 주목을 받았다. 1931년에는 유전자의 교체(양친에게 물려받는 유전자가 재조합되는 현상)는 염색체의 교차에 의해 일어난다는 사실을 증명했다. 이것은 유전자가 염색체 위에 있다는 사실을 알려주는 최초의 증거였다.[21)]

그녀는 1941년 콜드스프링하버 유전학 연구소의 책임자로 발령된다. 1890년에 설립되어 일곱 명의 노벨상 수상자를 배출한 연구소는 카네기협회의 지원을 받아 연구비뿐만 아니라 옥수수를 키울 수 있는 땅과 실험 시설을 갖춘 세계 생명과학 연구의 메카이다. 바라고 바라던 바로 그런 환경 조건이었다. 더구나 연구소는 맥클린토크의 지적 연구를 지원하기 위해 행정 업무는 모두 면제했다.

물론 맥클린토크가 개인적으로는 따돌림을 당하는 경우가 많았지만 그녀의 업적마저 무시되는 것은 아니었다. 1939년 미국 유전학회 부회장이 되었고 제2차 세계대전 말기인 1944년 미국 국립과학아카데미에서 그녀를 정식 회원으로 선발했다. 장구한 학회 역사를 통틀어서 그런 영광을 안은 여성은 그녀가 세 번째였다. 더불어 유전학 회장으로도 선출되었다.

맥클린토크는 인디언 옥수수의 색이 변화하는 패턴을 관찰하면서 잎이나 줄기의 모양에 주목했다. 옥수수의 싹은 한 알의 열매에서 자라므로 싹의 모든 세포가 같은 한 쌍의 유전자를 가져야 했다. 그런데 염색체가 손상된 열매에서 자란 싹은 잎과 줄기의 색이 부분적으로 변해서 초록색 잎에 흰색 얼룩무늬가 생기거나 노란색 잎에 짙은 초록색 줄무늬가 생기곤 했다. 이런 현상은 싹이 한창 성

21) 『교양인을 위한 노벨상 강의(생리의학상)』, 야자와사이언스연구소, 김영사, 2011.

장하는 중에도 염색체가 변한다는 뜻이다. 즉 절단-융합-염색체 다리 사이클로 인해서 색의 변화가 일어나는 것이다. 잎세포의 유전자가 변이해서 색이 하얗게 되면 그 세포가 분열해서 생긴 세포도 흰색이 된다. 그 결과 잎에 흰 얼룩무늬가 나타나는 것이다.

맥클린토크는 이를 토대로 색의 변화와 크로모좀(핵 내에 존재하는 실 모양 구조체의 하나로, DNA와 결합단백질로 구성됨)의 구조 변화 관계를 설명하는 1951년 「크로모좀의 구조 변화와 유전적 현상」이라는 논문으로 발표했다. 어떤 유전자들은 한 세대에서 다른 세대로 넘어갈 때 크로모좀 내에서 위치가 바뀌어 나타난다는 것으로 옥수수 알갱이의 색깔이 심하게 변하는 것은 색깔을 결정하는 유전자가 빈번하게 돌아다니기 때문이라는 것이다. 그때까지 학계에서 염색체는 유전자가 사슬처럼 이어져 드물게 일어나는 돌연변이를 제외하면 정적이며 변화하지 않는다고 생각했다. 그러나 그녀는 유전자는 일상적으로 움직인다고 주장했다. 그녀의 주장은 두 가지로 압축된다.

① 유전인자(유전자)는 움직이면서 그 위치를 바꾼다.
② 염색체상의 어떤 인자(Ac 유전 영역)가 어떤 신호를 보내면 그 신호를 받은 다른 인자(Ds 유전 영역)의 스위치가 켜지거나 꺼진다.

이것이 세계를 놀라게 한 '유전자를 조절한다'는 개념이다. 한마디로 새로운 종의 합성, 즉 새로운 종이 태어날 수 있다는 것이다. 그녀의 유전자 도약 이론은 1961년 프랑스의 자크 모노(Jacques Monod)와 프랑수아 자콥(Francois Jacob)가 유전자 조절 개념을 제시한

'오페론설(Operon Theory)'보다 10년이나 앞선다. 그들은 단백질 유전자는 인접한 유전자(작동유전자)와 조금 떨어진 장소에 있는 유전자(조절유전자)에 의해 그 활동이 시작된다고 주장했다. 이들의 주장은 기본적으로 맥클론토크의 주장과 유사하다.[22)]

그녀의 주장은 발달 중인 유기체로부터 받은 외부적 자극에 반응하여 이런 '전치(轉置) 가능 요소들'은 크로모좀 내의 특정 위치를 도약하여 유전적 물질 안에 침투해 그 물질을 변화시킨다는 당시로서는 혁명적인 가설이었다. 당시에는 아직 DNA 구조가 설명되지 않았을 때이므로 그녀의 '도약 유전자' 이론은 처음부터 많은 학자들의 반박을 받았다. 그때까지 유전자와 유전자를 담은 DNA가 체내 어딘가에 고정되어 있다고 생각했는데 그녀의 이론은 DNA가 경우에 따라 이곳저곳으로 튕겨 나갈 수 있다는 것을 뜻한다. 이 내용을 좀 더 쉽게 설명한다면 이와 같은 전위 현상은 특정 기능을 발휘하는 유전자의 한 단위가 통째로 자리를 옮긴다고 표현된다. 이런 현상은 두 가지 과정으로 나누어 설명된다. 하나는 원래 있던 자리에서 염색체의 어떤 인자가 빠져나오는 과정이고 다음은 그렇게 빠져나온 유전인자가 적당한 자리를 찾아 들어오는 과정이다. 이는 생명체가 스스로 조절하는 방식을 갖고 있다는 것을 뜻한다.[23)]

문제는 그녀의 연구가 발표될 때는 리센코주의가 한창일 때였고

---

22) 『교양인을 위한 노벨상 강의(생리의학상)』, 야자와사이언스연구소, 김영사, 2011.
23) 『틀을 깬 과학자들』, 오진곤, 전파과학사, 2002.

그녀의 연구는 바로 리센코주의가 옳다는 것을 증명하는 것이었다. 실제로 맥클린토크가 유전자가 움직일 수 있다는 결론을 내리자 변변한 학술지에서 논문을 받아주지도 않았다. 1951년에 CHS(콜드스프링하버) 연구소에서 열렸던 학회 발표에서도 그녀는 거의 모든 과학자로부터 무시당했다. 당대의 학자들이 볼 때 바바라는 그야말로 철없는 사람이었다. 소련이 주장하는 말 안 되는 소리가 말이 된다고 하니 더욱 그러했다. 심지어 그녀에 맞대고 "무슨 소리인지 알 수 없다. 도대체 뭐라고 하는 것인가?", "콜드스프링하버에 맞이 간 케케묵은 처녀의 떠드는 소리에 신경 쓸 시간이 없다."라고 말할 정도였다.

그러나 1965년부터 분자생물학 분야에서 보다 많은 증거가 쌓이기 시작했으며 세균 연구에서 특정 유전자가 염색체상의 한 곳에서 다른 곳으로 '점프한다'는 사실이 밝혀졌다. 이 점프하는 유전자를 '트랜스포존(transposon, 움직이는 유전자 또는 전이인자로 세균의 염색체상 어떤 위치에서 임의의 다른 위치로 자유로이 이동하는 DNA 단위)'이라고 부른다. 한마디로 맥클린토크의 주장이 맞는다는 것이다.

또한, 학자들은 DNA 염기 배열을 연구하면서 반복되는 염기 배열이 많다는 사실을 알아냈다. 이를 '반복 DNA'라고 하는데 전체 게놈의 50퍼센트 이상을 차지한다. 바로 이 반복 DNA들이 이동의 주인공이다. 이들은 염기 배열의 특정 장소에서 튀어나와 다른 곳으로 이동할 수 있기 때문에 '이동성(mobile) DNA'라고 부른다. 학자들은 유사한 형태만 수십만 개씩에 달하는 이동성 DNA가 서로 자유롭게 움직이고 재조합되면서 거대한 '유전자 은행'을 만든다고 추정한다. 이 유전자 은행이 인간의 비롯한 모든 생명체의 진화에 큰 영향을 미쳤다는 것이다.[24]

맥클린토크는 단기간에 형질 변경이 가능하다는 논제를 도출하여 이데올로기를 둘러싼 논쟁거리의 중심에서 뭇매를 맞으면서도 꿋꿋이 버텼는데,[25] 시간이 갈수록 맥클린토크의 주장은 점점 힘을 받기 시작했다. 리센코가 주장하고 있는 획득 형질이 유전된다는 사례는 계속 보고되었다. 구조가 아니라 습관이 유전된다는 경우도 보고되었다. 브라운 등에 의한 발톱개구리를 사용한 실험에서도 유전자가 개체 안에서 변화한다는 사실이 입증되었다.[26][27]

다윈, 아인슈타인에 필적하는 업적

리센코, 맥클린토크의 형질 변경 이론은 20세기에 들어서 유전자 분야가 이룩한 2가지 업적으로 일컬어진다. 또 다른 연구는 왓슨과 크릭의 DNA 나선 구조 발견이다. 맥클린토크의 형질 변경 이론이 민주 진영과 공산 진영의 이데올로기 싸움으로 범벅이 되어 엄청난 비난을 받았지만 오히려 그 때문인지 그녀는 새 시대를 연 과학자들인 파스퇴르, 멘델, 퀴리, 다윈, 아인슈타인 등과 함께 위대한 탐험가, 개척자, 발견자들 부류에 합류한다. 형질 변경 이론이 얼마

24) 『옥수수 밭의 처녀 맥클린토그』, 나타니엘 C. 컴포트, 전파과학사, 2005.
25) 『사이언스 퍼스트』, 로버트 E. 아들러, 생각의 나무, 2003.
26) 『과학의 역사(3)』, J. D. 버날, 한울, 1995.
27) 『교양인을 위한 노벨상 강의(생리의학상)』, 야자와사이언스연구소, 김영사, 2011.

나 과학계에 큰 비중을 갖고 있는지 알려주는 대목이다.[28]

맥클린토크가 최초의 논문 발표로부터 무려 32년이나 지나서 노벨상을 수상한 것도 색다른 기록에 들어간다. 형질 변경에 있어 리센코는 맥클린토크와 궤를 같이하므로 리센코가 노벨상을 받았을까 하는 질문이 제기된 적이 있다. 이 문제에 관한 한 그야말로 극과 극으로 대답이 갈리는데 한 측에서는 그가 공산주의와 밀착하여 소련의 학계를 초토화했기 때문에 절대로 받아서는 안 된다고 주장한다. 반면에 리센코를 뭇매 준 곳은 자유 진영이며 그가 정리한 이론에 문제가 없으므로 당연히 노벨상을 받아야 한다는 주장이다. 이 문제는 상당히 풀기 어려운 속성을 갖고 있는데 노벨상위원회에서는 걱정할 필요가 없었다. 리센코가 1976년에 사망하였기 때문이다.

노벨상은 사망한 사람에게는 수여하지 않는다. 물론 노벨상에도 예외가 있는데 유일하게 사망한 후 수상한 사람이 스웨덴인으로 UN 사무총장인 다그 함마르셸드(Dag Hammarskjold, 1905~1961년)이다. 그러나 그의 사망 일자가 1961년 9월인데 노벨평화상 수상 발표가 10월인 것을 감안할 때 이미 수상자로 선정되었으므로 수상한 것으로 추정한다.

종교적 근본주의에 뿌리를 둔 창조론자들이 진화론자에 대항할 수 있었던 것은 획득 형질은 쉽사리 유전되지 않는다는 이론에 기초를 둔 것이다. 그런데 창조론자들이 적시 적소에 사용하던 절대

28) 『사이언스 퍼스트』, 로버트 E. 아들러, 생각의 나무, 2003.

적인 이론이 맥클린토크의 이론에 의해 근본부터 부정되자 다윈이 태어난 이래 계속적으로 논쟁을 벌여왔던 진화론과 창조론의 논쟁은 드디어 종지부 찍는다. 1996년 로마 교황은 교황 과학아카데미에 '새로운 지식에 비춰볼 때 진화론이 단지 가설에 불과한 것이 아님이 인정된다'고 공식 교서를 내림으로써 더 이상 진화론과 창조론이 대립할 필요성이 없다고 선언했다.[29][30][31]

현재도 많은 자료에서 리센코는 매도되기 일쑤다. 사실 그를 비난할 요소는 많다. 춘화처리 등에 의한 농산물의 증산이 기대처럼 되지 않았고 그 또한 자신의 주장에 반대하는 많은 사람을 과학계에서 추방하여 적들을 만들었다. 그러므로 그에 의해 주도된 이데올로기 때문에 소련의 과학이 엉망으로 되었으므로 리센코와 공산주의는 당연히 책임을 져야 한다는 설명이다.

그러나 여기에서 강조되어야 할 것은 리센코의 주장 자체는 거짓이 아니라 '참'이었다는 점이다. 리센코를 비난하던 서방의 학자들이 오히려 이데올로기에 집착하여 과학의 '참'을 '거짓'으로 포장한 것이다. 과학을 정치적으로 이용한 측은 공산 측이 아니라 서방 측이었다.

다행한 것은 과학은 이러한 오류를 교정시킬 수 있다는 점이다. 공산주의가 옹호하는 단시간 내의 형질 변경을 주장하여 비난을 받았던 맥클린토크가 노벨상을 받은 것이 그 단적인 예이며 그토

29) 『이타적 과학자』, 프란츠 M. 부에티츠, 서해문집, 2004.
30) 「진화 고속으로 일어난다」, 임소형, 과학동아 2005년 2월.
31) 「거북이야기」, 김성호, 문화일보, 2005.11. 21.

록 첨예하게 대립하던 진화론과 창조론이 종지부를 찍은 것도 과학의 힘이 있기 때문이다. 오늘날 과학교과서에서 리센코를 춘화처리법의 발견자로 기록하고 있으며 춘화처리법은 작물은 물론 화초를 재배하는 데 널리 사용하고 있다.[32)]

우장춘을 설명하면서 당대에 민주주의 진영과 공산주의 진영이 첨예하게 싸웠던 형질 변경에 대해 부연하는 것은 우장춘 박사가 1983년, 야생 옥수수를 사용해서 연구를 하던 바바라 맥클린토크(Barbara McClintock)가 노벨 생리·의학상을 수상할 때까지 살았다면 그녀와 함께 한국인 최초로 노벨상을 공동으로 수상했을 것으로 생각하기 때문이다. 우장춘 박사는 1936년 5월 「종의 합성」이란 논문으로 농학박사 학위를 받는데 이것은 맥클린토크보다 15년 정도 앞서는 연구다. 또한, 우장춘은 1898년생이므로 맥클린토크가 노벨상을 수상한 1983년이라면 85세로 생존할 수 있었던 나이였다. 물론 우장춘 박사는 노벨상을 수상하지 못했는데 그것은 맥클린토크보다 24년이나 먼저 사망했기 때문이다.

우장춘 박사가 일찍 사망하지 않았다면 노벨상을 받을 수 있었을지도 모른다. 우장춘의 이론은 소채의 육종 기술 전반에 걸친 광범위한 진전을 이루게 만들었다. 현재 전 세계 각지에서 종자의 보존, 교배 재료의 처리, 제웅(除雄) 기술, 잡종 초기 및 후기 세대의 처리, 격리 채종, 염색체의 변화, 자연변이 이용, 육성 연한 단축 등은 우장춘 박사로부터 시작되었다고 해도 과언이 아니다.

---

32) 『한권으로 보는 인물 과학사』, 송성수, 북스힐, 2012.

씨 없는 수박

| 씨 없는 수박

우장춘 박사의 업적 중에서 가장 잘 알려진 것은 '씨 없는 수박'이다. 엄밀하게 말한다면 씨 없는 수박 자체를 세계에서 처음으로 만든 사람이 우장춘 박사가 아니라 일본인 기하라 히또시가 1943년에 개발한 것이다. 그러나 국내에 '씨 없는 수박'이란 획기적인 농업 기법을 한국에 알려준 사람은 우 박사이다.

원래 우 박사가 1953년 씨 없는 수박을 국내에서 시험 재배해 선보인 것은 씨 없는 수박을 만들어 보임으로써 사람들에게 과학 영농에 대한 믿음을 심어주기 위해서였다. 우 박사가 국내에 들어와 무와 배추의 품종을 개량한 후 개량된 종자를 헐값으로 농민들에게 나눠주어도 농민들은 새로운 종자를 믿지 않고 예전에 하던 방식을 고집했다.

우 박사의 씨 없는 수박은 예상대로 당장에 사람들의 관심을 끌었다. 보통 사람들의 생각으로는 씨 없는 수박이란 있을 수 없는 것이다. 여기서 우장춘 박사가 처리한 염색체 이론에 의한 3교배 유전자 처리법에 대해 설명한다.

생물의 체세포 속 염색체는 보통 2배체와 4배체를 이루고 있다. 2배체 식물과 4배체 식물을 교배시키면 3배체 식물을 얻을 수 있는데 바로 씨 없는 수박은 이렇게 해서 만들어진 식물이다. 2배체인 수박을 콜히친(알카로이드의 일종)이라는 약품으로 처리하여 4배체를 만들어 보통 품종의 수박과 화분 교배를 시키면 3배체의 씨앗을 얻을 수 있다. 3배체로 만들어진 씨앗을 키워 2배체의 수박꽃과 교배시키면 씨 없는 수박이 되는 것이다. 이러한 3배체 식물은 자연적으로도 생기는데 미루나무가 대표적인 3배체 식물이다. 일반적으로 3배체 식물은 2배체 식물보다 크고 발육도 왕성하다. 이러한 3배체 식물을 처음으로 만든 사람은 1936년 미국의 유전학자 블레이크슬리와 애버리이다. 이들은 콜히친으로 자유롭게 식물의 배수체를 만드는 데 성공했다. 여러 가지 배수체를 만들어 열매가 큰 호박, 뿌리가 큰 무, 비타민이 많은 토마토, 꽃이 큰 수박풀 등도 이런 기법을 이용한 것이다.

그러나 이런 결과가 왜 일어나는가를 알 수 없었는데 그 이유를 알기 쉽게 이론적으로 규명한 사람이 우장춘 박사이다. 노벨상은 기본적으로 기초 이론을 중시하므로 어떤 현상을 규명하는 사람에게 수여한다. 우 박사가 노벨상에 근접했다는 것도 이런 이유다.

이를 보다 쉽게 설명한다면 배추, 양배추, 흑겨자와 같은 기본종 사이의 상호 교잡으로 복합종인 유채, 갓, 에티오피아 겨자를 만들 수 있다. 유채(n=19)는 배추(n=10)와 양배추(n=9)의 염색체가 합해져 생기고 갓과 에티오피아 겨자도 마찬가지의 방식으로 만들어질 수 있다는 것이다. 이미 존재하는 유채를 인위적으로 만들고 그 과정을 유전학적으로 규명함으로써 종간 잡종과 종의 합성이 실제로 일어난다는 사실을 밝힌 것이다. 이는 현존하는 식물을 실험을 통해 합성한 최초의 예로 알려져 있다. 우장춘 박사의 이와 같은 종의 합성은 '우장춘의 트라이앵글(U's Triangle)'로 불리며 유전학의 역사에서 한 획을 그은 것으로 인정받는다. 우 박사가 노벨상을 맥클린토크와 함께 수상했을 것으로 유추하는 것도 바로 이것 때문이다.[33]

아버지의 족쇄에서 벗어나지 못한 우장춘

우장춘 박사가 탁월한 연구 업적에도 불구하고 대한민국에서 크게 중용되지 못한 것은 그의 천성이 소박하여 매사에 옳고 그른 것을 분명히 발언한 면도 있지만 아버지 우범선의 경력 때문이다. 우범선(1857~1903)은 민족문제연구소에서 분류한 '친일파 99인'엔 들어가는 대표적인 친일 경력자이다.

그러므로 우장춘 박사가 한국으로 들어온 것은 상당한 결심이었음을 이해할 필요가 있다. 자신의 아버지 우범선이 명성황후 시해의 주범이자 구한국 역적이라는 것을 잘 알고 있었음에도 대한민국에서 그를 초청하자 곧바로 승낙하고 국내로 돌아온 것은 아버지에 의해 역사적으로 부과된 짐을 대신하고자 한 것으로 평가된다. 그러므로 그는 우리나라의 농업 발달을 위한 연구에만 몰두했고 어떤 직책도 탐하지 않았다. 이승만 정권에서 친일파들이 득세하는 상황이었음에도 그를 중용하지 않은 것은 우범선의 전력이

---

33) 『명예전당에 오른 한국의 과학자들』, 이종호 · 박택규, 책바치, 2004.

워낙 한국인들에게 비난을 받았기 때문으로 보인다.

우장춘에게도 약간의 문제가 있었는데 가장 큰 문제는 언어였다. 그는 한국말을 몰라 대화나 강의를 항상 일본어로 했는데, 우리말을 모르더라도 자기 일을 하는 데 지장이 없다고 생각했다. 사실 그가 접하는 사람들은 일제강점기의 사람들이라 일본어가 오히려 수월했다. 그러나 그가 한국어를 모른다는 사실은 우장춘이 비애국자 또는 친일파로 의심받았고, 대학에서 학생들의 강연 거부가 일어나기도 했다. 연구소에서도 연구원과 의사소통이 어려웠다. 더욱이 기본적으로 일본에서 오랜 생활을 했으므로 한국 음식을 잘 먹지 못했고 특히 김치가 매워서 먹지 못했다. 아이러니한 일은 우장춘이 김치의 재료인 배추의 육종에 높은 열정을 쏟았지만 결코 김치를 먹지는 못했다. 한국에서 김치를 먹지 않고 살아간다는 것이 얼마나 어려운 것임을 이해할 것이다.[34)]

외형적으로 국민들의 우 박사에 대한 인기가 높고 우 박사 스스로 직책을 탐하지 않고 농업 연구에 탁월한 업적을 쌓고 있었지만 정부 수사기관에서는 우장춘을 항상 요주의 인물로 보았다. 그가 한민족이 남북한으로 갈라져 있는 것에 대해 자신의 의견을 솔직하게 말하자 수사기관으로부터 사상적으로 문제가 있는 불평분자로 오인되기도 했다.

당시의 국내 여건은 북한의 공산 정권에 대해 거론하는 것조차 불문율로 되어 있었으므로 이데올로기상 문제가 있다는 관리들의

---

34) 『한국 과학기술 인물 12인』, 김근배 외, 해나무, 2005.

주장은 우 박사의 모든 행동에 제약을 가져왔다. 일본에 있는 그의 장녀 결혼식은 물론 어머니의 장례식조차 가볼 수 없게 출국정지 처분을 받았다. 결국, 한국에서 어머니의 시신이 없는 장례식이 치러졌고 상당 금액의 부의금이 들어왔는데 우 박사는 그 돈을 모두 동래 원예시험장의 우물을 파는 데 사용했다. 시험장이 있는 동래 일대는 암석이 많아 우물 파기가 어려워 언제나 식수난으로 고통을 겪었는데 다행하게도 수맥을 발견하자 우물을 판 것이다. 수맥에서 물이 나오자 가식이 없는 우 박사는 손뼉을 치면서 "어머니의 젖이 솟아오른다."라고 소리친 후 자유천(慈乳泉)이란 이름을 붙였다.

우 박사가 조국에 돌아와 남긴 업적은 수없이 많지만, 북위 36도 이북에서는 불가능하다는 일식이수벼(一植二收水稻) 또는 이기작벼(二期作水稻)를 개발했다는 것도 빼놓을 수 없다. 또한, 우 박사가 갖고 있는 육종 지식을 바탕으로 열악한 환경이지만 끊임없는 연구 결과 우량 종자의 생산 체계를 확립해 일본에 의존하던 채소 종자의 국내 자급 길을 열었다는 것이 그의 큰 업적 중의 하나이다.

우장춘 박사는 초인적인 집념으로도 유명했다. 그에게는 학문이나 연구뿐만 아니라 한번 시작하면 끝장을 보지 않고는 그만두지 않는 집념이 있었다. 그는 직원들에게 다음과 같이 말하곤 했다.

"나는 몰라서 쉬지 못하지만, 식물이 쉬는 방법을 알고 있다면 쉬도록 하게."

그에게는 일정한 근무시간이 없었다. 부하 직원들이 퇴근한 후에도 책상에 앉아 밤을 새우기 일쑤였다. 그가 봉직하는 국립중앙원예기술원(현 국립원예특작과학원) 연구원들도 쉬는 날이 거의 없었다. 봉급이 적어 월세도 내지 못하는 직원도 수두룩하여 불만이 많았지만 우장춘 박사의 반응은 단호했다. 우 박사는 식물을 연구하는 사람이 쉰다는 건 상상할 수 없다고 생각했다. 그러므로 그는 연구가 힘들어 떠나는 사람은 막지 않고 오는 사람도 막지 않았다고 한다.[35)]

이러한 집념이 그의 건강을 해치고 말았다. 우 박사는 한국에 귀국한 지 불과 9년 만인 1959년 신경통약을 장기간 복용한 결과 위궤양에 복막염까지 겹쳐 세 차례나 수술을 받았으나 기울어진 병세를 돌이키기에는 너무나 늦었다. 그가 중태라는 것을 듣고 달려온 그의 부인과 후배들을 보고도 시험 중인 벼가 마음에 걸리는지 수확한 벼를 갖다 달라고 졸랐다.[36)]

우장춘은 과학자로서 크게 두 단계의 시기를 살았다. 하나는 일본에서 유전 육종학에 대해 학문적으로 세계적인 성과를 거둔 시기이고, 또 하나는 우리나라에서 육종 기술의 기반을 마련하고 이를 통해 우량 종자의 확보와 보급을 위해 노력한 시기이다. 일본 개인회사에서 농장장으로 근무하던 시절은 이 두 단계의 중간에 해당하는 전환기와 준비기의 성격을 지녔다. 우장춘이 일본에서 귀

35) 「"꽃이 국민의 감성 치유할 것"……카네이션 개량 앞장선 우장춘」, 박근태, 한국경제, 20160508
36) 『명예전당에 오른 한국의 과학자들』, 박택규 · 이종호, 책바치, 2004.

국한 후 뛰어난 연구 업적을 계속 이어가지 못한 점이 아쉽지만, 한국에서 그의 활동은 육종학을 시작하고 그 기반을 세우는 일에 중요한 기여를 한 개척자로서 그 가치와 의미를 지닌다.[37)]

우리나라 근대 농업을 개척한 우장춘 박사는 그 공로를 인정받아 제1회 '부산시 문화상'을 수상했고 건국 이래 두 번째로 대한민국 '문화포장'을 수상했다. 그는 문화포장을 받고 드디어 한국이 자신을 인정해주었다고 기뻐했다. 그러나 그는 '문화포장'을 수상한 지 3일 후인 1959년 8월 10일 61세로 생애를 마감했다. 그의 장례는 사회장으로 치러졌고 수원 서호(西湖) 옆 농업진흥청 내 농업기술원 뒤 여기산 기슭에 안장되었다. 부산 동래구 온천 2동에는 우장춘 박사 기념관이 있다.

37) http://www.kast.or.kr/HALL/

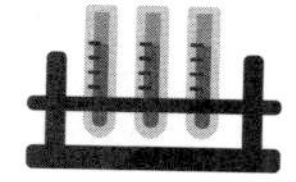

제3장

끊임없는 노력, 예리한 관찰

이태규

(李泰圭, 1902~1992)

• 생애 및 경력

1902년 : 한학자 이용균의 둘째 아들로 충청남도 예산에서 태어남 (본관 : 전주)

1927년 : 일본 교토제국대학 이학부 졸업

1931년 : 일본 교토제국대학 이학박사 학위 취득

1935년 : 일본 교토제국대학 조교수

1939 ~ 1941년 : 미국 프린스턴 대학교 연구원

1945 ~ 1946년 : 경성대학 이공학부장

1946 ~ 1948년 : 국립 서울대학교 문리과대학장

1946년 : 조선화학회 초대 회장

1948 ~ 1970년 : 미국 유타 대학 화학과 교수

1955년 : 아이링 교수와 함께 '리-아이링(Ree-Eyring Theory)' 이론 발표

1971년 : 국민훈장 무궁화장

1972년 : 대한화학회 명예 회장

1973 ~ 1992년 : 한국과학원(KAIST 전신) 명예교수

1992년 : 세상을 떠남. 과학자로서는 처음으로 국립묘지에 묻힘

• 업적

우리나라 현대 화학계의 기초를 닦음

이론화학의 업적과 '리-아이링(Ree-Eyring Theory)'이론

제 3 장

끊임없는 노력, 예리한 관찰 이태규

| 이태규 박사

우장춘 박사가 노벨상에 추천되지 못한 것은 당대의 정황 즉 일제강점기라는 시대적 배경, 즉 미국·영국 등 연합국이 아니라 독일의 주축국인 일본에서 공부했기 때문이라는 말도 있지만 여하튼 우장춘은 그와 동종의 연구를 하여 노벨상을 받은 맥클린토크보다 일찍 사망하여 노벨상을 수상할 기회를 잃어버렸다.

그런데 지금으로부터 무려 50여 년 전인 1965년에는 노벨 화학상 수상자 후보 추천위원이 되었고 1969년에는 한국 최초로 노벨상 후보에 오른 과학자가 있다. 일제의 식민 지배와 한국전쟁 등 우리 역사상 유례없는 혼란기에서 벗어난 지 얼마 되지 않았던 그 시기에 말이다. 과학의 불모지나 다름없던 당시에 화학 분야의 세계적인 석학으로 인정받았고, 우리나라 화학계의 기틀을 다졌던 그 주인공은 바로 이태규 박사이다.

이태규 박사는 일본의 명문 교토제국대학에서 한국인 최초로 화학 분야 이학박사 학위를 받았고, 노골적인 차별과 질시 속에서도 실력 하나로 교토대학 조교수에 올랐다. 미국 프린스턴대학에서 아인슈타인, 테일러, 아이링 등 세계적인 석학들과 학문적 교류를 가졌으며 유타대학 교수로 재직하면서 양자화학의 거장 아이링과 공동 연구를 통해 '리-아이링(Ree-Eyring) 이론'을 발표하여 세계 화학계의 주목을 한몸에 받았다.

그러나 그는 '끊임없는 노력과 예리한 관찰'이라는 좌우명을 가슴에 새기고, 아침 일찍 출근하여 새벽 1시에야 연구실을 떠나는 생활을 평생 동안 이어갔던 참으로 성실한 학자였다. 또한, 90평생 중 50여 년을 일본과 미국을 드나들며 살았지만, 일본에서는 숱한 압력에도 불구하고 끝내 창씨개명을 거부했고, 미국 시민권을 취득하는 것이 여러모로 유리하다는 주변의 권유를 끝내 마다한 올곧은 정신의 소유자였다. 세계 석학들과 어깨를 나란히 하면서도 조국의 과학 발전과 후학 양성에 힘썼던 진정한 애국자로서 말년까지도 손자뻘 되는 제자들과 학문적 토론을 즐겼던 우리 시대의 참 스승으로 학자들은 기억하고 있다.

나를 키운 것은 8할 이상 아버지

이태규는 1902년 1월 충남 예산에서 이용규의 6남 3녀 중 차남으로 태어났다. 아버지 이용규은 완고하다 할 만큼 엄격한 한학자였으나, 한편으로는 세상 물정에 민감하고 근대 문화에 대한 이해가 깊은 개화파 유생이었다. 그래서 이태규가 어릴 때에는 천자문을 비롯하여 『동문선습』, 『통감』, 『소학』 등 한학의 기초 교재들을 직접 가르쳤지만, 1912년 예산군에 보통학교 과정의 사립학교가 생기자 시대가 변했으니 신학문을 배워야 한다며 근대 교육을 받게 했다. 더구나 한문은 읽고 뜻을 알 정도면 될 뿐 '사서삼경'까지 읽을 필요는 없다며 『아라비안 나이트』 같은 외국 소설들을 읽혔다고 한다. 이태규의 아버지가 당시 지식층의 평균적인 의식 수준을 훨씬 뛰어넘은 것만은 분명하다.

당시 소학교가 처음 생기자 머리를 치렁치렁하게 땋아 내린 나이든 소년이나 상투를 튼 어른들마저 소학교에 입학하고자 모여들었다. 그러자 교장이 나이가 어린 이태규의 입학은 도저히 허락할 수 없다고 입학을 허가하지 않았다. 그러나 아버지는 교장을 설득했다.

"우리 아이가 학교를 다니다가 도저히 따라가지 못하면 그때는 두말할 것도 없이 스스로 자퇴하겠으니 입학만이라도 허락해 주십시오."

아버지의 간청에 못 이겨 교장 선생님은 청강생으로 조건부 입학을 허락했다. 이태규가 학교에 다닌 지 2년째가 되었을 때 소학교는 공립보통학교가 되었다. 성적에 따라 진급, 낙제를 가려서 다시 반을 편성하게 되었는데 성적이 가장 우수하였던 이태규를 정식으로 편입시켜 주었다. 그는 보통학교에 입학한 지 4년 만에 이 학교를 졸업하였다. 학업 성적이 우수하여 1년을 월반하여 5년 과정을 마칠 수 있었던 것이다. 물론 그 배경에는 아버지의 엄격한 훈육이 있었다. 학교에 오갈 때를 제외하고는 문밖 출입을 삼가고 집안에서 공부에 몰두하게 했던 것이다. 어린 이태규에게 가장 큰 유혹은 닷새마다 서는 장날이었다. 구경거리가 많은 5일장이 열릴 때면 이태규는 좀이 쑤셔서 몰래 빠져나가곤 했는데, 장터에서 동네 사람들 눈에 띄는 날이면 곧바로 아버지 귀에 들어가 혼쭐이 났다고 한다. 어쨌든 이렇듯 엄격한 아버지의 훈육 덕분에 이태규는 학문에 무섭게 열중하는 습관을 기를 수 있었다.

또한, 이태규의 아버지는 틈만 나면 '정신일도 하사불성(精神一到何事不成)', 즉 정신을 한 곬으로 하면 무슨 일이든 이룰 수 있다는 생활철학을 강조했다. 이 가르침은 훗날 이태규가 어려움에 처할 때마다 마음을 다잡고 꿋꿋이 살아갈 수 있는 힘의 원천이 되어 주었다. 실제로 그는 미국에서 학생들을 가르칠 때 아버지의 가르침, 즉 가훈을 'Everlasting Effort(끊임없는 노력)'으로 번역하여 소개했고, 그와 더불어 'Keen Observation(예리한 관찰)'을 좌우명으로 삼아 일생 학문과 연구에 전념했다. 이태규는 뒷날 어느 인터뷰에서 다음과 같이 말하고 있다.

모든 사람은 한 인간으로 태어나 자신에게 부여된 생을 영위한다. 어떻게 보내는 것이 참으로 가치 있는 일일까 연구하며 그 방법을 찾기 위해 많은 시간을 보낸다. 물론 나도 그랬다. 그리하여 내가 얻어낸 결론은 내게 주어진 삶을 성심성의껏 사는 것이 제일이라는 것이다. 나는 과학자이다. 그래서 나는 예리한 관찰과 꾸준한 노력이 절대적으로 필요한 것을 알게 되었으며 이 좌우명의 구절을 마음 깊이 새기고 이 길로 걸어 왔다. 그리고 결코 후회하거나 바꿀 의도는 없으며 다시 태어난다 해도 이 길로 걸어가겠다.

세상 사람들 모두 눈에 보이는 현상을 당연한 것으로 받아들였다면 과학이라는 학문은 결코 생겨나지 않았을 것이다. 끝없이 의문을 품고 그 이유를 탐색하는 것이 과학자의 으뜸 덕목이라 할 때, 이태규는 어릴 때부터 비범한 면이 있었다.

다섯 살 되던 해 어느 날, 그는 제사상에 켜놓은 촛불 아래에 있는 향로의 그림자가 제사를 시작할 때나 제사를 끝낸 뒤에나 꼭 같은 것을 보고는 고개를 갸웃거리며 물어보았다.

"아버지, 낮에 마당에서는 그림자가 커졌다 작아졌다 하는데 촛불 아래에서는 왜 똑같아요?"

아버지는 어린 아들이 대견한 듯 소리 내어 웃으며 자세히 설명해 주었다.

"태양이란 광원은 항상 움직이기 때문에 만물의 그림자가 커졌다가 작아졌다가 하지만, 촛불은 움직이지 않고 가만히 정지해 있기 때문에 물체의 그림자가 늘 똑같은 거란다."

또한, 그 무렵 경성공업전습소(서울공업고등학교 전신) 응용화학과에 다니던 맏형 재규는 방학을 맞아 집에 오면 다양한 재료로 비누를 만들어 이웃에 나눠주곤 했다. 그때만 해도 시골 가정에서는 짚을 태운 잿물로 빨래를 하던 시절이라, 형 재규가 만든 신식 비누는 인기가 대단했다. 호기심과 탐구욕이 남달랐던 어린 이태규는 그 모습에 자극을 받아 "나도 크면 저런 걸 꼭 해보아야지." 하고 다짐했다고 한다. 어려서부터 학문의 바탕을 '왜? 무엇 때문에? 어떻게?'라는 세 가지에 두었다는 이태규, 그는 분명 비범한 과학자의 자질을 갖고 있었다.

천재도 겪은 좌절

1915년 보통학교를 수석으로 졸업한 이태규는 도지사의 추천으로 서울의 관립 중학교였던 경성고등보통학교(경기고등학교의 전신)에 입학했다. 전국의 내로라하는 수재들이 모여든다는 경성고등보통학교에서 이태규는 줄곧 수석을 달렸다. 3학년으로 진급하면서 일본인 화학 교사 호리(堀正南)와 운명적으로 만났고 이후 화학을 평생의 목표로 삼는다. 그런데 이태규는 자신이 화학을 전공하게 된 이유가 매우 우연한 일 때문이라고 재미있게 표현했다.

경기고등학교 학생일 때 교토제국대학의 구하라 구갱이라는 화학 교수가 쓴 소설을 읽었는데 화학 실험을 할 때 나타나는 화학 반응을 의인화시킨 것으로 매우 재미있었다. 소설을 읽고 학교에서 화학 과목에 보다 흥미를 느껴 열심이었는데 이를 주목한 일본인 화학 선생인 호리(堀正南)가 화학실험 준비도 시키고 방과 후에는 개인적으로 지도해 주었다. 그래서 화학 공부를 해야 하겠다고 생각했는데 당시 조선인들 사이에 과학을 공부해야 한다는 이야기들을 많이 하고 있었다. 나의 화학에 대한 열정을 기특하게 생각한 호리 선생님들을 포함하여 많은 선생님이 총독부의 관비 유학 선발시험을 준비시켰고 이에 합격하여 관비 유학생으로 1920년 일본의 히로시마 고등사범학교(廣島高師)로 유학갈 수 있었다. 당시 조선에서 과학을 공부해야 한다는 말은 많이 했지만 고등교육을 시킬 정도의 집안에서는 법과, 문과, 경제학 분야를 공부해서 벼슬을 해야만 출세하는 것으로 알고 있었다. 그런데 막상 학교에 들어가니 영어가 문제였다. 히로시마 고등사범학교에서는 영어 원서로 강의하기도 하는데 조선에서 영어를 배우지 못했으므로 따라갈 수 없었다. 일본 총독부는 조선에서 영어 교육을 전혀 시키지 않았다. 그러나 어렵게 온 유학을 영어 때문에 중단할 수 없다는 생각으로 1년 정도 거의 독학으로 영어 공부를 하여 1924년 학교를 졸업했다. 그런데 조선인이라는 이유로 교사 발령이 나지 않자 차선책으로 교토제국대학에 입학했다. 당시 히로시마 고등사범학교 출신은 교토제국대학에서 무시험으로 받아 주었고 1931년 이학박사가 되었다. 소위 조선인 처음으로 화학 분야에서 박사 학위를 받은 것인데 박사 학위를 받았지만 조선인이므로 대학에서 강의를 주지 않아 중학교에 4년간 시간강사를 계속했다. 그런데 나를 예전부터 주목한 교수들의 추천으로 교토제국대학의 화학과 조교수로 채용되었다.[1)]

1) 「과학과 과학화시대」, 이태규 · 조순탁, 세대 제14권 통권155호, 1976.

이태규는 호리 선생이 자신의 과학적 재능을 높이 사서 자신의 조수로 발탁했을 때 실험을 통해 화학이라는 세계에 발을 들여놓게 되었다. 즉 그는 이산화망간을 촉매로 염소산칼륨을 가열 분해하여 산소를 만드는 실험을 통해 촉매작용에 관심을 갖는다.

1920년 3월, 이태규는 "나는 한국에서 뽑힌 수재다. 내가 일본인보다 못할 것이 무엇이냐. 개선장군이 간다!"라는 호기로운 생각을 품고 대한해협을 건너갔다. 그러나 이러한 패기와 자신감은 강의 첫날부터 벽에 부딪혔다. 그에게 가장 큰 좌절을 안겨준 것은 바로 영어였다 당시 조선총독부는 조선인들이 영어를 배움으로써 서양 사상의 영향을 받아 독립정신과 자주 의식이 싹틀 것을 우려하여 학교에서 영어를 가르치지 않았다. 한국에서 5년간의 학교 교육에서 배웠던 영어라고는 고작 수학의 기하와 대수에서 부호로 쓰이는 ABCDEFGHI 등 알파벳에 불과하였다. 그러나 이태규는 아버지의 가르침대로 이 커다란 장벽을 멋지게 극복했다. 그는 당시를 이렇게 회고했다.

> 한국에서 뽑힌 수재로 자신감에 넘치며 일본에 온 나는 이 난관을 어떻게 극복하고 어떻게 도전하여 승리로 이끄느냐에 따라 내 생의 기로가 결정된다고 마음먹고 1년을 기약, 영어 공부에 전념하기로 했다. 코피를 마구 쏟으면서 밤샘을 했다. 졸리면 세수를 하고 젖은 수건을 머리에 동여매고 물을 축여가며 1년간 영어 공부를 하고 나니 일본 학생들을 따라갈 수 있게 됐다. 이때부터 일본 학생들이 아무것도 아니라고 생각하게 되었다. 나는 당시 '하면 안 되는 게 없다'는 신념을 굳게 다질 수 있었다.

이태규가 일본에서 유학생활을 하며 겪었던 차별 대우와 마음고생은 이루 말할 수 없었지만 피나는 노력을 기울여 마침내 1924년, 일본 5대 제국 대학 중 하나인 교토제국대학 화학과에 무시험 입학이 결정되었다. 그것도 관비 장학생이었다.

비록 굳은 뜻을 품고 대학에 들어갔지만, 청년 이태규가 학업에만 전념하기에는 현실이 너무도 암울했다. 그는 조선인 유학생들과 어울려 다니면서 졸업해 봤자 취직도 못 하는 식민지 백성의 처지를 토로하며 술을 마셨고, 자연히 성적은 형편없이 떨어졌다. 그러나 당시 토목과에 다니는 1년 선배 이희준은 눈물까지 흘리면서 "너와 같이 좋은 두뇌를 가진 학생이 공부를 안 해서야 되겠느냐. 이것은 한국인의 불명예다."라며 쓴소리를 아끼지 않았다. 이태규는 그의 우정 어린 격려에 힘입어 다시 학문에 몰입할 수 있었다. 추후에 그는 이희준에 대해 다음과 같이 회고했다.

> 이희준 씨는 내 일생을 통해 가장 고마운 분이다. 이러한 주위의 우정 어린 격려가 큰 힘이 되어 일기당천의 기백을 되찾은 것이다.

그리고 이태규는 또 한 사람, 민족 감정을 넘어 진정한 학문적 스승이 되어준 호리바 신기치(堀場信吉) 교수를 만난다. 호리바 교수는 이미 많은 학생의 존경을 받고 있던 대학자였는데, 그의 관심과 격려는 이태규에게 큰 힘이 되어 주었다. 호리바 교수의 주선으로 조수 자리를 얻어 본격적인 연구에 돌입한 지 4년 만인 1931년, 이태규는 「환원 니켈을 이용한 일산화탄소의 분해」라는 니켈의 촉매 작용에 관한 논문으로 한국인 최초로 일본 대학교에서 화학 분야 이학박사 학위를 받았다. 그의 나이 34세의 일이었다.

이태규의 박사 학위 취득은 실로 한민족에게 용기와 희망을 불어넣어 준 쾌거였으며, 식민지 조선인의 박사 학위 취득은 일본에서조차 화제와 관심을 불러일으켰다. 당시 아사히신문을 비롯한 일본 신문들이 이 사실을 기사로 다뤘고, 국내에서도 동아일보와 조선일보가 기사와 사설로 다룬 것만 보아도 얼마나 대단한 사건이었는지 알 수 있다. 1931년 7월 20일 자 조선일보 기사는 다음과 같다.

……조선에서 처음으로 리태규 씨에게는 리학박사의 학위를 수여하기로 결정되었다는 소식이 왔다. 리태규 씨는 충청남도 례산 출생으로 경성제일고보를 졸업하고 광도고등사범학교를 마친 후 교토제국대학 리과 화학교실에서 삼 년간 수학하고 연구를 거듭하던 중 금번에 리학박사의 논문을 제출한 것이다. 리씨는 금년 삼십사 세로 조선이 나은 최초의 리학박사로 각 방면에 기대가 자못 크다.

또한, 1931년 7월 21일 자의 동아일보는 사설로 이태규의 이학박사 학위 취득을 축하하고 그 의미를 강조하고 있다.

어제 본보 제2면에는 일시에 조선인 신박사 2명이 발표되었다. 학문에 빈약한 조선에 일시에 2인의 박사가 배출하는 것은 진실로 일대 경사이다. 더구나 이학박사는 금번이 첫 번으로 조선인 전체를 위하야 경하할 일이다. 박사란 학위가 한낱 형식적 표창임은 물론이나 이것으로써 학계에 대한 공헌의 증거를 표시하고 일반인의 향학심을 충동함에 있어서는 사회적으로 또한 의의가 있다 않을 수 없다.

무릇 인류는 학문으로써 발전한다. 우리는 학문의 힘으로 광막한 황야를 옥토로 화할 수가 있고, 동서 수만 리의 먼 거리를 수삼 일에 날수도 있다. 우리들의 의식주 기타 온갖 물질적 생활이 학문의 힘에 의하야 발달됨은 물론이거니와 학문은 실로 우리들의 도덕, 우리들의 윤리 등 정신적 문화적 생활도 개선한다. 독일이 현대같이 정치적 고난에 처해 있으면서도 능히 세계에 일등국임을 유지하고 있는 것은 그의 학문, 그의 문화가 다른 나라에 탁월한 바 있기 때문이 아닌가.

돌이켜 우리의 사회를 살펴보면 새로운 문명이 수입된 지 이미 수십 년에 이르렀으나 10명의 의학박사(서양에서 받은 자를 제외)와 한 사람의 이학박사밖에 없다. 어찌 치욕스러운 일이 아니랴. 환경이 어떻게 불리하다 할지라도 좀 더 민중의 노력이 있었으면 현재 수 이상의 학위를 받았을 것이다. 그러나 다른 쪽으로 당국의 조선인에 대한 의식적 차별감 혹은 제한적 정책에도 그 원인이 있지 않을 수는 없다. 알기 쉽게 현재의 경성제대에는 조선인으로서 한 사람의 교수는커녕 한 사람의 조교수도 없지 않은가. 아마 당분간도 역시 그러하리라 믿는다. 이것은 당국의 차별정책이오 조선인의 무능에만 있는 것이 아님을 웅변으로 설명하는 것이 아닌가. 이곳 당국자들의 양심상의 답변을 구하는 바다.

學生夏期브나로드運動
男女學生總動員·休暇는奉仕的으로
學生啓蒙隊
學生記者隊
學生講演隊
朝鮮民衆에警告文
第二回水泳講習會
最初理學博士

| 이태규 이학박사 취득
(1931년 7월 20일 동아일보)

당시 언론에서는 이태규 박사를 우리나라 제1호 이학박사로 소개했지만 사실은 이원철(李源喆, 1896~1963) 박사가 조선인 최초의 이학박사다.[2] 이원철 박사는 1922년 미국 미시간 주에 있는 엘비언대학에 유학하여 「독수리자리의 에타성(星)의 대기 운동」이라는 논문으로 1926년 이학박사 학위를 받았으므로 이태규보다 5년이 앞선다. 당시 조선 언론은 미국에서 이미 이원철이 박사학위를 받았다는 것을 몰랐던 것이다.

학문에는 민족도, 국경도 없다

박사 학위를 어렵게 땄지만, 이후 7년의 세월은 일찍이 예상했던 대로였다. 연구실 조수와 중학교 시간강사 외에 제대로 된 자리를 얻을 수 없었다. 그러나 이태규는 학문에 대한 열정 하나로 어려운 생활 속에서도 묵묵히 연구에만 몰두하여 자신의 전공 분야 연구를 게을리하지 않았다. 1931년 「불균형 촉매와 화학 흡착」, 1934년 「수소와 산소 사이의 반응 메커니즘」, 1935년 「실리카겔지지 니켈 존재하에서의 일산화탄소의 분해」 등의 논문을 잇따라 발표했다.[3]

2) 『우리 지역을 빛낸 발명 위인! 발명품!』, 한국발명진흥회, 특허청, 2006.
3) 『우리 지역을 빛낸 발명 위인! 발명품!』, 한국발명진흥회, 특허청, 2006.

이런 그의 연구 실적을 인정받아 1937년 4월 일본인 경쟁자들을 물리치고 마침내 모교인 교토제국대학의 조교수로 임명되었다. 국립대학의 조교수는 일종의 관리(공무원)였으므로 정부의 승인을 받아야 했고, 더욱이 먼저 교수회의의 엄격한 심의를 거쳐야 했다. 그런데 일본인도 어려운 이 자리에 식민지 출신의 이태규가 임명된 것이다.

물론 대부분의 일본인 교수들은 그의 임명을 적극 반대했다. 그러나 이태규의 학문적·인간적 스승이었던 호리바 교수가 "학문에 민족이 따로 있느냐?"라며 의견을 굽히지 않아, 결국 교수회의에서 통과된 것이었다.

일본 학계에 큰 파문을 일으키며 일본 제국대학의 유일한 조선인 화학과 조교수로 임명되었지만, 매일 실험실에 나가서 실험을 하고 연구에 몰두하는 이태규의 생활에는 변함이 없었다. 그리고 이듬해, 이태규에게는 두 번째 기회가 찾아왔다. 당시 유럽이나 미국은 과학 분야에서 일본보다 훨씬 앞서 있었다. 특히 미국의 프린스턴대학이 세계적인 촉매학으로 권위를 인정받고 있으므로 이태규는 보다 더 공부하겠다는 생각으로 미국 유학을 결심했다. 일본 정부에서는 조선인에게는 장학금을 주지 않았는데 다행히도 일본에서 금강제약을 경영하던 전용순 씨가 여비 전액을 부담하겠다고 나섰고, 미국에서의 학비와 생활비는 김연수 씨가 부담하기로 하여 1939년 미국 유학길에 오를 수 있었다.[4]

---

4) http://blog.daum.net/k2gim/11405231

고등과학연구소장 아인슈타인을 비롯하여 세계적인 석학들이 모여 있던 프린스턴대학에서, 이태규는 새로운 학문적 방향을 모색할 수 있었다. 촉매학 분야에서 세계적인 권위를 자랑하는 테일러(H.S. Taylor), 양자화학의 거장 헨리 아이링(Henry Eyring) 박사와 공동 연구에 몰두하는가 하면, 훗날 소립자 이론에 관한 연구로 1949년 노벨 물리학상을 받은(1949년) 일본 물리학자 유카와 히데키와도 친분을 맺었다.

이때 이태규는 주로 점성 이론, 액체 이론, 반응 속도론, 촉매 이론 등을 집중 연구했으며, 그 결과 '리-아이링 이론', 'SST 액체 이론' 등 새로운 이론을 정립하기에 이르렀다. 나아가 처음으로 이성질체에 대한 이론적 해석을 내린 '울트-파라 효과'라는 연구 발표는 미국 학계에서도 크게 주목을 받았고, 이어서 '표면 복착물 이론(Surface-complex Theory)'을 통해 촉매 반응에 대한 오류를 지적함으로써 비상한 관심을 불러일으켰다.

일본에서 민족 차별을 뛰어넘어 실력을 인정받았던 이태규. 그가 이번에는 국경을 뛰어넘어 세계 이론 화학계의 최전선에서 연구 경험을 쌓고, 주목받는 연구 결과를 내놓기에 이른 것이다. 그러나 프린스턴대학에서의 행복했던 시절은 미·일 관계가 험악해짐에 따라 2년 반 만에 막을 내리고 말았다. 세계 정황이 심상치 않으니 귀국하라는 학교 측의 권유에 따라 제2차 세계대전이 발발하기 직전인 1941년 7월, 일본으로 돌아온 것이다. 전쟁의 광기에 휩쓸린 일본에는 학술 잡지도 들어오지 않았고, 그나마 독일 책은 들어

왔지만 독일도 일본과 다를 바 없는 상황이라 변변한 논문이 나올 턱이 없었다.

해방된 조국의 품으로

이러한 생활 속에서 1945년 8월 15일 감격의 해방을 맞자마자 미군정청에서 서울대학 이공학 부장으로 임명되었으니 빨리 귀국하라고 통보했다. 일본 학계의 강한 만류를 뿌리치고, 이태규는 해방된 조국의 과학 진흥에 온 힘을 다하리라는 각오를 다지며 희망과 기대에 부풀어 고국 땅을 밟았다. 하지만 경성대학 이공학 부장을 거쳐 서울대학교 문리과대학 초대 학장을 지내던 약 2년간은 말 그대로 혼란의 시기였다.

해방 정국 속에 촉발된 좌익과 우익의 대립으로 인한 동맹 휴학, 교수 간의 내분과 갈등 속에서도 올바른 대학을 만들어 보려고 노력했지만 허사였다. 이때의 경험을 통해 이태규는 정치가 바로 서야 과학도, 예술도 꽃 필 수 있다는 사실을 깨달았으며, 학장직은 행정가의 몫이지 자신 같은 학자가 할 일이 못 된다는 것을 절감했음에도 우리나라 현대 화학계의 토대를 마련하는 데 크게 기여했다. 1946년 안동혁 · 리승기 · 김동일과 함께 몇 안 되는 학자들을 규합하여 대한화학회를 설립하여, 오늘날 자연과학 분야 학회의 모범을 세웠다. 또한, 서울대학교 화학과에 우수한 교수진을 확보함으로써 이후 우리나라 화학 발전의 기틀을 닦은 사람도 이태규였다.

이태규는 천상적으로 학자였다. 어느 날 우연히 구입한 외국 잡지에서 프린스턴대학 시절 동료들의 논문을 발견하는 순간, 자신이 진정으로 원하고 해야 할 일은 본업인 연구임을 깨달은 것이다. 그리하여 보장된 자리와 명예를 뒤로한 채 1948년 9월, 미국 유타대학의 아이링 교수의 도움을 받아 미국으로 떠났다.

유타대학 대학원장으로 있던 아이링 박사는 이태규가 연구에만 몰두할 수 있도록 재정 지원을 아끼지 않았다. 이 박사의 연구는 크게 두 가지로 나뉘는데 첫째는 촉매학이고 둘째는 액체학이다.

화학 반응은 반응 물질의 종류에 따라 진행 속도가 빨라질 수도, 느려질 수도 있다. 같은 물질의 같은 반응에서도 반응 물질의 농도·온도·촉매, 그 밖의 여러 조건에 따라 빨리 진행되기도, 느리게 진행되기도 한다. 촉매는 반응 속도에 영향을 끼치는 요인들 중 하나로, 그 자신은 양적·질적으로 변화하지 않으면서 반응 속도를 변화시키는 역할만 한다.

예를 들어, 생물체 화학 반응의 일종인 녹말 분해에는 아밀라아제라는 효소가 유기촉매로 쓰이고, 질소와 수소의 혼합 기체에 열과 압력을 가하여 암모니아를 합성할 때에는 산화철이 촉매로 쓰인다. 산소와 수소의 혼합 기체로 물을 만들 때에는 미세한 백금 가루가 촉매작용을 일으키며, 인조 석유의 합성에는 코발트가, 합성 고무 제조에는 금속 나트륨이, 아세트알데히드 제조에는 수은이, 메탄올을 산화시켜 포르말린을 만들 때에는 은이 촉매 역할을 한다.

어떤 형태의 물질이든 촉매가 될 수 있다. 즉 금속이나 금속산화물, 액체, 기체, 나아가 암석이나 토양을 비롯해 혼합물이나 미량의 불순물을 포함한 물질도 촉매작용을 할 수 있다. 실제로 석유공업 등에서는 활성 백토가 정제나 분해 공정에 널리 쓰이고 있다.

재미있는 사실은 화학 반응마다 여러 가지 독특한 촉매를 가지고 있다는 점이다. 하나하나의 반응은 각각 다른 물질의 분자나 원자가 서로 작용하는 것이므로, 그것들을 이용해 특정한 형태로 결합시키려는 촉매의 구조나 형태, 기능이 각각 다른 것은 당연한 일이다. 특히 갈수록 복잡하고 섬세한 합성 반응이 요구되는 현대 산업 분야에서는 그 각각에 가장 적합한 촉매를 찾아내는 일이 무엇보다 중요하다.

이태규는 경기고보 시절 이산화망간을 촉매로 염소산칼륨을 가열 분해하여 산소를 만드는 실험을 통해 촉매작용에 관심을 갖게 되었고, 이학박사 학위논문 역시 환원 니켈을 촉매로 이용해 일산화탄소를 분해하는 방법에 관한 것이었다. 이후에도 이태규는 촉매작용과 반응 속도론을 꾸준히 연구하여 많은 논문을 발표하였다.

이태규의 또 다른 연구 분야는 리올로지(Rheology)이다. 유동학, 유변학이라고도 하는 리올로지는 1922년 미국의 E.C. 빙엄이 창안한 분야로, 그리스어로 흐른다는 뜻의 '리오(rheo)'에서 유래되었다. 리올로지는 유동(flow)에 관한 현상을 비롯해 물질의 변형과 유동 물질을 구성하고 있는 분자나 원자와의 관계를 연구하는 분야이다. 이태규는 화학과 교수로 재직하면서 아이링을 비롯하여 연구실에 모인 한국인 제자들과 반응 속도론 · 유변학 · 액체 이론에 대한 연구를 계속하며 우수한 논문을 발표했다.

가장 두드러진 업적은 '리-아이링(Ree-Eyring) 이론'으로 알려진 「비뉴턴 흐름에 관한 연구」라는 논문으로, 1955년 미국의 『응용물리학지』에 발표되었다. 이 이론은 그동안 이론적인 접근이 어려웠던 비뉴턴 유동 현상을 설명해 줄 수 있는 분자점성학의 기초가 되는 일반 공식을 제시함으로써 학계의 주목을 받았다.

힘을 가하면 물체는 흐르는 데 힘과 유동 속도의 비례 관계를 규명한 것이 뉴턴론이다. 그런데 이태규는 거기에 비례 관계가 없다는 이론을 내놓았다. 물, 알코올, 에테르 등 단순한 액체에는 점도(viscosity)가 일정하여 비례 관계가 있지만, 분자량이 큰 고분자의 경우는 액체가 흘러도 비례 관계가 성립되지 않으므로 뉴턴 유동에 비해 훨씬 복잡하여 이론적 접근이 쉽지 않다.

구체적으로 설명하자면 기름, 점토, 수지, 고무, 유리, 아스팔트, 셀룰로오스, 녹말 등 화학구조가 복잡하고 고체와 액체의 중간 성질을 갖는 천연물질이나 합성물질의 가소성, 점성, 탄성, 점탄성, 접착, 마찰, 식소트로피(thixotropy : 물체가 외부의 힘에 의하여 연화와 경화를 반복하는 성질) 등 각종 성질을 다룬다. 리올로지가 취급하는 재료는 대개 일상적·공업적으로 중요한 것이므로 응용 면에서도 큰 발전이 기대되는 분야인데 일반인들에게는 꿀이나 조청 같은 끈적끈적한 액체를 연구하는 분야로 연상하면 쉽게 이해될 것이다.

이태규와 아이링은 비뉴턴성 흐름의 이론을 제안했는데, 점도에 관한 리-아이링 일반식은 여러 영역의 리올로지계에 훌륭하게 적용되고 응용된다. 두 사람의 이론은 섬유, 유리, 그리스(grease : 반고체 상태로 사용하는 윤활유) 등에서 응력(물체에 외부의 힘이 작용했을 때, 그 힘에 저항하여 고유의 형태를 유지하려고 물체 내에 생기는 힘)이 완화되는 현상에도 적용된다. 즉 일정한 응력하에서 응력 완화와 흐름 성질의 상관관계를 규명한 것이다. 또한, 석영 분말·벤토나이트·알루미나 입자 간의 응집력에 의한 존-겔 변환을 정량적으로 설명할 수 있는 다음과 같은 식을 유도했다.[5)]

$$\eta = \sum_{n=1}^{n} \frac{\chi_n \beta_n}{\alpha_n} \frac{\sinh^{-1} \beta_n s}{\beta_n s}$$

뉴턴의 역학이 적용되지 않았던 분자 세계를 방정식으로 수식화한 것이다. 그의 이론은 종래에 전무하였던 비뉴턴성 흐름에 대한 최초의 일관성 있는 이론으로 평가받아 1958년 논문을 대상으로 한 미국화학회의 표창을 받았다. 또한, 1965년 한국인으로는 처음으로 노벨상 추천위원으로 발탁되었고[6)] 1969년 노벨 화학상 물망에 오르기도 했지만 수상하지는 못했다.[7)]

---

5) 『어느 과학자의 이야기 : 이태규 박사의 생애와 학문』, 김용덕, 도서출판 동아, 1990.
「원로 과학기술자의 증언-이태규 박사 편(상, 하)」, 과학과기술, 1980년 3월 및 4월호.
6) 『우리 지역을 빛낸 발명위인! 발명품!』, 한국발명진흥회, 특허청, 2006.
7) http://blog.daum.net/k2gim/11405231

영구 귀국

이태규가 미국에서 활동한 시기는 크게 두 시기로 구분된다. 첫 번째는 1939년에서 1941년까지 약 2년 7개월의 시간으로 프린스턴대학교에서 아인슈타인, 테일러 등 세계적인 석학들을 비롯하여 공동 연구 저자인 헨리 아이링을 만나 새로운 연구 분위기를 접한다. 두 번째 시기는 1948년부터 1973년까지로, 그는 이 시기 동안 유타대학교에서 근무하며 무려 150여 편의 논문을 발표하던 시기이다.

엄밀한 의미에서 이태규의 국내에서의 활동 시간은 매우 짧다. 성장 시기를 제외하고 그가 국내에 머문 기간은 해방 직후 1945년에서 1947년의 약 2년간과 1973년에서 1992년의 약 20년간이다.[8)]

그러나 그가 한국보다는 일본과 미국에 있다고 해서 이태규가 고국을 잊은 것은 아니었다. 그가 재직하던 유타대학은 이후 우리나라 화학계를 이끌어 갈 동량들의 산실로 자리 잡았고, 그는 진정한 학자의 모범을 보이며 후학들을 지도했다. 이태규 자신이 그간의 학문적 공백을 메우기 위해 끊임없이 노력하는 가운데 연구실에서 제자들과 침식을 함께 할 정도로 열심이었으므로 한국 유학생들은 공부를 게을리할 수가 없었다. 유타대학에서 이태규가 직접 길러낸 화학자만 해도 20여 명이나 된다. 서울대 화학과에 이어 유타대학에서도 제자였던 장세헌(서울대 명예교수)은 '잊을 수 없는 스승, 그 강의'라는 글에서 이태규에 대해 다음과 같이 회상하고 있다.

8) 『우리 지역을 빛낸 발명위인! 발명품!』, 한국발명진흥회, 특허청, 2006

유타대학교에서의 선생님의 생활은 참으로 규칙적이어서 아침 9시 정각에 출근하시고 저녁에 댁에서 가족과 함께 저녁을 드시고 잠깐 휴식을 취하신다. 그리고 밤 8시에 다시 연구실에 오셔서 새벽 1시까지 연구에 몰두하셨다. (중략) 우리 한국 학생들도 선생님의 솔선수범하심을 본받아 저녁을 먹고는 으레 연구실로 나왔다. 그리고 1시에 선생님을 모시고 하늘의 별을 쳐다보며 숙소로 돌아왔다. 아침 7시에 첫 강의 시간이 있을 때는 수면 부족으로 괴로웠으나, 별을 쳐다보며 이 얘기 저 얘기에 꽃을 피우며 할 만큼 했다는 흐뭇한 기분으로 숙소에 돌아오던 일은 길이 추억에 남는다. (중략) 선생님의 과학도로서의 줄기찬 학구심, 교육자로서의 숭고한 희생적 정신, 그리고 화학을 전공한 학자로서 국가와 학계에 봉사하겠다는 신념이 이처럼 초인적인 일을 해낼 수 있게 하였을 것이다.

고국을 떠난 지 16년 만인 1964년, 이태규는 동아일보사와 대한화학회의 초청으로 일시 귀국했다. 시민회관(지금의 세종문화회관)에서 열린 그의 첫 강연회에는 수용 인원의 두 배가 넘는 4,000여 명이 몰려 대혼잡을 이루었고, 총 16차례에 걸친 지방 강연도 뜨거운 관심 속에 진행되었다. 이태규는 이미 한국을 대표하는 세계적인 과학자로서 온 국민의 기대를 한몸에 받는 존재였던 것이다. 당시 동아일보사는 「우리나라가 낳은 화학계의 세계적 태두」라는 제목의 사설로 다음과 같이 적었다.

본사는 이번 대한화학회와 공동으로 우리나라가 낳은 화학계의 세계적인 거성, 이태규 박사를 초청하게 되었습니다. 현재 미국 유타대학 교수로서 화학계의 거보적인 업적을 이루고 있는 이 박사는 과학이 미몽하였던 1920년대에 화학에 뜻을 둔 선지자로서 일본 교토제국대학 교수와 해방 후의 서울대학교 문리대 학장을 거쳐 1948년 도미한 이래 유타대학 교수로 재직하면서 100여 편의 획기적인 논문을 발표하여 명성을 떨친 국제 화학계의 태두입니다. 오는 9월 30일 16년 만에 조국을 방문하게 된 이 박사를 맞이하여 본사와 대한화학회에서는 수차의 학술강연회와 시민을 위한 강연회를 마련할 계획입니다. 강연회의 일정에 관하여서는 추후에 알려 드리기로 하고 이 박사의 고국 방문이 우리나라 과학기술 진흥에 좋은 자극이 될 것을 학계 및 시민들과 함께 기대하는 바입니다.

1973년, 이태규는 1966년 2월에 설립된 한국과학기술연구소(현 KIST의 전신)에서 명예교수로 초청하자 국외 유치 과학자의 일원으로 영구 귀국했다. 일본에서 26년, 미국에서 25년, 도합 51년을 외국에서 살아온 그는 학자로서 고국에 봉사할 마지막 기회를 감격스럽게 받아들였다. 한국에 귀국하여 칠순을 넘긴 나이에도 기초 화학 강좌와 학생들의 연구 지도에 힘을 쏟는 한편, 연구 활동을 계속하며 뛰어난 논문들을 발표하여 후진들의 귀감이 되었으며, 1978년에는 젊은 과학자들의 연구 의욕을 드높이고 연구 풍토를 활성화하기 위하여 한국이론물리화학연구회를 설립하기도 했다.

이태규 박사는 필자가 한국과학기술연구소에서 태양 에너지에 대한 연구를 할 때 여러 번 만날 수 있었다. 한국이 제2차 에너지 파동으로 곤욕을 치를 때로 이태규 박사는 신재생 에너지 중에서도 태양 에너지 보급을 활성화해야 한다고 강조했다. 그러면서 미국에 있는 딸의 집을 태양 에너지 집으로 지었으면 좋겠다고 했지만, 아쉽게도 태양의 집은 실현되지 않았다.

이태규 박사는 우리나라의 유치 과학자 제도를 바꾸게 만든 장본인으로도 유명하다. 당시 과학기술처(현 미래창조과학부)에서는 외국에서 활동하고 있는 학자들을 초빙하기 위해 항공료와 이전비, 숙소 등을 제공하는 것은 물론 자신의 연구에 충실할 수 있도록 여러 가지 지원을 했다.

원래 KIST의 정년은 65세인데 이태규 교수가 유치 과학자로 1973년에 초빙되었을 때는 이미 72세나 되어 정년을 훨씬 넘긴 나이였다. 그러나 이태규 교수가 노벨상 후보에 추천되었을 정도로 유명한 학자이므로 정년이 넘었다고 하여 초청에 장애 요건이 된 것은 아니지만 문제는 행정적 지원이었다.

이태규 박사는 KIST에 초빙되어 KIST에서 제공한 관사에서 기거했는데 행정 직원들은 이태규 박사가 연구원 정년(61세)을 넘겼으므로 과학기술연구소의 정식 연구원의 자격이 아니라 초빙 연구원의 자격이므로 관사를 제공할 수 없다며 관사를 비워 달라고 통보했다.

문제는 이태규 박사가 연구에만 몰두하였기 때문에 막상 관사에서 떠나면 기거할 장소가 없다는 점이다. 이 문제가 유치 과학자들을 비롯한 과학기술자의 대우와 연계되자 박정희 대통령이 이태규 박사가 사망할 때까지 기거할 수 있는 집을 정부에서 지원하겠다고 확언한 것은 물론 유치 과학자 제도를 근본적으로 재조정하도록 지시했다.

항공료와 이전비 등을 제공하는 것은 전과 동일했으나 숙소인 경우 4년에 한해 정부에서 관리비만 지불하도록 임대하는 대신 4년이 지나면 주택을 지어 거주할 수 있도록 자금을 낮은 금리로 융자해 주었다. 유치 과학자가 초청된 연구기관에서 떠나더라도 거주할 수 있는 공간은 확보할 수 있게끔 지원토록 업무가 바뀐 것이다. 필자도 이런 대우를 받고 귀국했다.

과학 하는 사람은 행복하다는 신념으로 화학 방정식과 씨름하며 평생을 연구에 바친 천생 과학자 이태규가 남긴 「원로 과학기술자의 증언」이라는 글에서, 우리는 과학에서뿐만 아니라 인생의 참 스승이기도 했던 한 인물의 진정한 모습을 만날 수 있다.

흔히들 과학은 딱딱하고 멋없는 학문이라고 말한다. 그러나 나는 그렇지 않다고 말할 수 있다. 연구 테마의 결론을 찾았을 때, 실험실 브라운관에서 기대했던 화학 반응이 일어났을 때, 어려운 방정식이 몇 년 만에 풀렸을 때 그 기쁨과 황홀한 보람을 생각해 보자. 거기에는 필설로 형언할 수 없는 행복감이 있다. 또 시가 있고 노래가 있으며 환희와 낭만도 깃들어 있다. (중략) 오늘날 우리나라 학생들은 근시안적으로 눈앞의 이익만 따지고 드는 경향이 많다. 내 비록 문외한이지만 정치건 경제건 문화건 간에, 그것이 발전하려면 기초부터 튼튼히 다져야 한다. 산업 발전의 기반을 등한시하는 풍조는 한심하다. 기초 과학을 숭상하는 풍토 조성이 아쉽다. 기초가 없는 경제발전 계획은 사상누각

일 뿐이다. 즉 연목구어(緣木求魚) 격으로 일해서는 아니 된다. 기회 있을 때마다 역설해 봤지만 기초 과학의 중요성을 모르는 사람들에겐 마이동풍이었다.

어제오늘 기업체들이 연구소를 만들고 기술 개발에 투자하는 것은 다행한 일로 안다. 요즘 세상은 물질만능주의가 지배하는 듯하다. 갖고 가지도 못할 황금이나 보잘것없는 재물을 놓고 아옹다옹 목숨을 걸고 다툴 값어치가 있을까? 일생을 돈과 무관하게 살아온 나의 눈에는 하나의 불가사의로 보일 뿐이다.

다시 과학자의 길을 걸을 것이라고 강조했던 이태규는 한국이 낳은 세계적인 이론 화학자요, 불모지나 다름없던 우리나라 기초 과학의 터를 닦은 개척자요, 무엇보다 어려운 환경 속에서도 언제나 자신의 역할에 충실했던 성실한 한 인간이었다. 이태규 박사에 대한 국내의 평가는 그의 업적만큼이나 매우 돋보인다. '과학기술인 명예의 전당'에 헌정된 내역만 보아도 그렇다.

① 우리나라 현대 화학계의 기초를 닦음

1945년 해방 이후 일본에서 귀국한 이태규는 경성대학 이공학부장과 국립서울대학교 문리대 학장으로서 학문 연구와 교육의 정착을 위해 노력했다. 1946년에는 대한화학회(창립 당시의 이름은 조선화학회)를 창립하여 한국 화학계의 기틀을 다졌다.

미국 유타대학의 교수가 되어서는 많은 한국인 유학생을 지도하여 한국 화학계를 이끌 인재로 길러냈다. 칠순을 넘긴 나이에 한국과학기술원 명예교수로 초빙되어 귀국한 이후에도 연구 활동을 계속하여 대학이 연구하는 곳이라는 새로운 학풍을 불어넣었다. 이처럼 그의 끊임없는 연구와 교육 덕분에 우리나라의 화학계는 다른 분야에 비해 일찍 정착하여 성장할 수 있었다.

② 이론 화학의 업적과 '리-아이링' 이론

이태규는 일찍이 교토제국대학 교수 시절에 양자화학을 일본에 소개하고 확산시키는 데 크게 기여했다. 이후 미국으로 건너가 반응 속도론, 유변학, 액체 이론 등에 관한 우수한 논문을 발표하며 뛰어난 화학자로 발돋움했다. 특히 유타대학에서 시작한 유변학(rheology) 연구는 이론 화학자로서 그의 이름을 널리 알리는 계기가 됐다. 1955년 아이링과 공동으로 발표한 논문 '비뉴턴 유동 이론'은 그동안 이론적 접근이 어려웠던 비뉴턴 유동 현상을 다루는 일반 공식을 제시한 것이다. 이 연구 업적은 '리-아이링 이론(Ree-Eyring Theory)'으로 불리며 국제 학계에서 크게 주목받았다.[9]

이태규는 1958년 미국화학회에서 명예 상패, 1960년 대한민국 학술원상을 비롯하여 1971년 국민훈장 무궁화장, 1976년 서울시 문화상, 1980년 5·16민족상, 1982년 세종문화상 등을 수상했다. 1992년 10월 26일, 한국 과학계의 큰 별 이태규가 세상을 떠났다. 그의 영결식은 한국과학기술원 대강당에서 과학기술인 800여 명의 애도 속에 과학기술인장으로 엄수되었으며, 과학자로는 최초로 국립묘지 유공자 제2묘역(제12호)에 안장되었다. 그가 유품으로 남긴 액자에는 그의 평생의 신념인 '끊임없는 노력과 예리한 관찰'이

9) http://www.kast.or.kr/HALL/

| 이태규 박사의 기념 동판

| 이태규 묘(국립 현충원)

란 문구가 적혀 있다.[10] 한국화학회에서는 이태규 박사를 기념하기 위해 '이태규 학술상'을 제정했다.

---

10) 「한국인 첫 노벨상 후보 올랐던 '국내 1호 화학박사' 이태규」, 박근태, 한국경제, 2016.07.11.

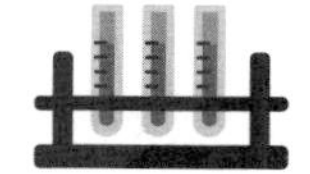

제4장

세계 2번째 합성섬유 비날론 발명자

리승기

(李升基, 1905~1996)

• 학력

일본 교토대학

• 경력

성섬유1호 완성
공학박사(1939.10)
서울대 공대 학장(1945.11)
과학원 화학연구소 소장(1952.10)
과학원 원사(1956.1)
과학원 함흥분원화학연구소장(1961.5)
최고인민회의 제3기 대의원(1962.10)
최고인민회의 제4기 대의원(1967.11)
최고인민회의 제5기 대의원(1972.12)
과학원 함흥분원 원장(1980.4)
조국통일민주주의전선 중앙위 상무위원
최고인민회의 제7기 대의원(1982. 2)
최고인민회의 제8기 대의원(1986. 11)
최고인민회의 제9기 대의원(1990. 4)

• 업적

1967년 원자력 연구소가 설립되면서 초대 연구소장으로 핵 개발 참여
1939년 비날론을 합성

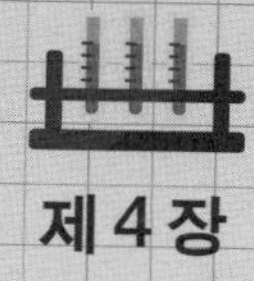

제 4 장

세계 2번째 합성섬유 비날론 발명자 리승기

일제강점기의 일본의 한반도 정책 중 하나는 중국 침략을 뒷받침하는 전쟁 물자 제공이었다. 이를 위해 한반도 남쪽에서는 일본의 완제품을 공급하는 경공업에 집중했고 북쪽에서는 만주로의 확장을 염두에 둔 전력 산업과 중공업에 치중했다.

이러한 일본의 편재된 정책은 한반도가 남북으로 분단되면서 양측에 심각한 문제점을 안겨주었다. 남쪽의 대한민국은 중공업 설비와 전력 등이 절대적으로 부족했고 북쪽은 경공업 설비와 일상 제품이 부족했다. 특히 남한에 섬유와 방직 산업 설비들이 모여 있으므로 분단 후 북한에서는 섬유와 의류의 부족이 심각했다.

1940년 당시 방직 산업의 85%가 남쪽에 있었는데 얼마 안 되는 북쪽의 시설도 한국전쟁 동안에 집중적으로 폭격을 받았다. 한국전쟁이 끝난 후 어느 쪽 체제가 국민의 윤택한 생활을 보장할 수 있는가를 두고 경쟁하고 있는 상황에서 섬유의 안정적인 공급은 북

| 리승기 박사

한에서 가장 시급히 해결해야 할 우선 과제였다.

원칙적으로 목면을 재배하여 옷을 만드는 것도 가능하지만 북한은 워낙 경작지가 부족하여 식량 증산이 보다 급선무였다. 당대에 목화 재배 면적을 늘리는 것은 식량 생산을 희생해야 하므로 이들 정책을 수행하는 것이 매우 어려운 일이었다. 따라서 천연섬유보다는 합성섬유 공장을 우선적으로 건설하여 이를 해결해야 했는데 북한에서 이 문제를 주도한 사람이 비날론(한국에서는 비닐론 또는 비닐)을 개발한 리승기(李升基, 1905~1996) 박사이다.

리승기 박사는 한국에서는 잊혀졌지만 그의 명성을 엿볼 수 있는 것은 북한에서 세 번에 걸쳐 우표의 모델로 등장했다는 것으로도 알 수 있다. 2011년 유엔은 마리 퀴리가 노벨상을 받은 지 100돌이 되는 2011년을 '국제 화학의 해'로 규정할 것을 정하고 그 주제를 '화학-우리의 생활, 우리의 미래'로 정했는데 북한은 이를 기념하는 우표도 발행했다. 액면 50원의 우표에는 리승기 박사와 라듐을 발견한 마리 퀴리의 화상이 새겨져 있을 정도로 우대받았다. 리 박사는 1960년대 초반까지 남북한을 통틀어 가장 크게 이름을 떨친 과학자로 북한에서는 이례적으로 그에 관한 대중용 전기가

출판될 정도다.[1]

이뿐만이 아니다. 노벨상은 기본적으로 민주주의를 기본으로 하는 서양권의 최고 영예로운 상으로 볼 수 있는데 공산권에서는 이와 버금가는 상으로 레닌상을 꼽는다. 리승기 박사가 바로 한국인으로 레닌상을 수상하여 그의 업적이 어느 수준인지 가름할 수 있다. 큰 틀에서 리승기 박사는 노벨상 수상자 반열에 들었다 해도 무리한 일이 아니다.

나일론과 비날론

리승기의 두드러진 업적은 세계 최초의 합성섬유인 나일론에 이어 합성섬유로는 두 번째로 비날론을 실용화했다는 점이다. 1961년 홍남에서 '2·8 비날론기업소'가 완공되었다. 박성래 교수는 이 공장을 북한에서 가장 중요하게 생각하는 이유를 다음 세 가지로 들었다.

① 외국 원조의 도움이 거의 없이 북한의 자체 기술로 건설
② 비날론 섬유가 흡습성이 좋아 전통 옷감인 면의 대용으로 사용 가능
③ 공장 건설의 책임자가 한국인 리승기 박사이다.

한마디로 2·8 비날론기업소는 1960년대 북한 과학기술의 자립을 선포하는 상징물 같은 구실을 했다. 이러한 이유로 비날론은 추

1) 『숨겨진 북한의 최고 과학자, 리승기』, 서금영, 과학향기 SCI-FUSION, 2007.10.10.

후에 '주체 섬유'라는 이름이 붙어 다닌다. 북한에 비하면 남한 사람들에게는 리승기라는 이름은 물론 비날론이란 이름도 매우 낯설다. 남북으로 분단되어 체제가 독자적으로 유지되는 통에 북한의 과학기술과 기술자들 특히 월북 과학자들에 대한 평가가 온전하지 못했기 때문이다.

리승기는 1905년 전라남도 담양에서 개화 사상가 이송(二松, 아호) 아들로 태어났다. 이송은 아들 리승기에게 우리나라 명헌들의 언행록이나 자신이 손수 엮은 『해동 명시선』이란 시집을 가르치곤 했다. 문학을 즐겼던 아버지의 영향으로 어린 시절의 리승기의 꿈은 문사가 되는 것이다. 그러나 신학문에 대한 열의로 1921년 서울로 올라와 4년간 중앙고등보통학교에 다닌 후 1925년 일본의 마츠야마(松山) 고등학교를 거쳐 교토제국대학(현 교토대학) 공학부 공업화학과에 입학했다.

당시 리승기의 집안은 양반 가문이기는 하지만 경제적으로 유복한 편이 아니므로 가정교사를 하면서 힘들게 공부했다. 그가 쓴 자서전에 의하면 한때 집세를 내지 못하고 쫓겨나기도 했으며 여러 달 동안 점심을 굶어 결핵에도 걸렸었다고 한다. 이러한 경제적 곤란 속에서도 리승기는 1931년 우수한 성적으로 졸업했다.

원래 리승기가 원한 연구 분야는 합성섬유 연구였으나 조선인 출신이 일본에서 직장을 얻기는 쉽지 않았다. 그래서 지도 교수였던 기타(喜田)는 아스팔트를 연구하는 회사의 연구원으로 추천했다. 선천적으로 연구에 자질을 갖고 있는 리승기는 아스팔트 연구에서 일본 특허를 취득하는 등 괄목할 만한 성과를 올렸고 마침 오사카 북동부에 있는 다카츠키(高槻)에 '교토제국대학 부설 일본 화학섬유 연구소'가 설립되자 일본 섬유 연구의 권위자인 사쿠라다 이치로(櫻田一郎) 교수의 지도를 받는 연구 강사로 임용되었다. 이것이 세계적인 학자로서의 리승기가 태어나는 계기였다.

그는 이곳에서 교토제국대학 시절 연구 주제로 삼았던 합성섬유 연구를 다시 시작했다. 이때 교토제국대학에는 1931년에 화학박사 학위를 취득한 이태규(李泰圭) 박사가 있었다. 당시 이태규는 화학과에서 연구원으로 일하고 있었으며, 1937년에 교토제국대학의 조교수가 되었다. 따라서 리승기와 이태규는 여러 해 동안 교토제국대학에서 친교를 맺었다.[2)]

당시 일본은 세계에서 손꼽히는 비단과 면직물 수출국이었다. 1938년 자료에 의하면 일본(당시 조선 포함)의 생사 생산량은 세계의 82%에 달했으며 면직물 산업도 영국, 미국, 독일에 이어 세계 4위였다. 그런데 1930년대 후반부터 일본의 천연섬유 산업은 커다란 위기에 봉착했다. 우선 1929년 대공황으로 미국의 견사 시장이 붕괴하자 일본산 생사의 판로가 좁아졌고 일본의 중국 침략이 열강들의 경계심을 자극해 일본으로의 면화 수출도 기피하기 시작한 것이다.

일본의 대외관계 악화는 원면의 수입뿐만 아니라 견직물의 수출도 막아 총체적으로 섬유 산업이 위기를 맞았는데 또 한 번의 강타

2) http://terms.naver.com/entry.nhn?docId=542529&cid=46637&categoryId=46637

가 일본에 날아왔다. 미국의 듀퐁사가 1935년 나일론의 합성에 성공한 것이다. 나일론에 대해서는 워낙 많은 자료가 있으므로 이곳에서는 한국의 경우를 간략하게 설명한다.

나일론은 그야말로 세계를 놀라게 했다. 한국도 1950년대에 미국의 원조 물자로 도입되기 시작했고, 1960년대에 국산 제품이 나오기 시작했다. 나일론이 출시되면서 우리의 의류 생활에 혁명을 가져와 서민들의 옷차림을 갑자기 말쑥하게 바꾸어 놓았다. 나일론이 폭발적인 인기를 끈 것은 무명, 비단, 삼베, 모시 등에 비해 대단히 질기면서도 값이 저렴했기 때문이다. 워낙 질겨서 잘 낡아 떨어지지 않으므로 좀 과장한다면 입는 사람이 짜증을 낼 정도다. 끈질긴 사람을 '나일론 같은 사람'이라는 말이 나온 이유다.

나일론이 물과 친하지 않다는 성질 또한 신기한 것이다. 비를 맞거나 물속에 빠졌어도 툴툴 털어내면 물기가 하나도 없었다. 따라서 비옷으로도 제격으로 우산 없이 비옷만 입고 빗속을 걸어 다니는 사람들을 볼 수 있었다.

워낙 나일론이 많은 분야에 사용되었으므로 나일론이란 단어가 '가짜'라는 뜻으로도 전의되었다. 나일론을 '나일롱'으로 변형되었는데 이 단어는 거의 가짜 또는 사이비라는 뜻의 접두어로 사용되었다. '나일롱 군인', '나일롱 신사', '나일롱 주부', '나일롱 대학생' 심지어는 '나일롱 처녀'라는 말도 생겼다. 화투놀이에도 나일롱이 사용되어 '나일롱뽕'이란 놀이는 대단히 유행했다. 나일론이 한국에서는 잘 알려져 있지만 비날론은 그렇지 못했는데 이는 비

날론과 나일론의 태생이 다르기 때문이다.[3)]

미국의 합성섬유인 나일론과 일본이 개발하고자 하는 합성섬유는 기본이 다소 달랐다.

미국의 나일론은 폴리아미드 계열의 고분자 화합물인데 반해 일본의 비날론은 폴리비닐알코올(polyvinylalcolho, PVA로 비닐론으로 알려짐) 계열의 고분자 화합물이다. 폴리아미드 계열의 화합물은 원유를 원료로 합성하므로 석유가 나지 않는 일본에서 산업화하기에는 적합지 않았다. 반면에 PVA는 일본의 동맹국이던 독일의 화학자 헤르만(W. O. Herrmann)이 1924년 합성하는데 성공했고, 1927년 노벨상을 수상하는 스타우딩거(H. Staudinger)가 이들 구조를 발표했으며 제한적이기는 하지만 이미 수술용 실로 활용되고 있었다.

제2차 세계대전 당시 주축 국의 일원으로 기술 교류도 유리했으므로 일본으로서는 비닐론 개발에 박차를 가했다. 1939년 10월, 교토제국대학 연구팀인 리승기는 사쿠라다 이치로, 카와카미 히로시 등과 함께 '합성 1호' 또는 '폴리비닐 알코올계의 합성섬유'란 이름으로 개발했는데 이것은 본격적인 합성섬유로 전환을 의미한다. 이 합성 1호가 후일 북한에서 대량 생산되는 비날론의 전신이다. 즉 나일론에 이어 세계에서 두 번째로 합성섬유의 실용화에 성공한 사람이 바로 리승기로, 이를 토대로 작성한 「섬유소 유도체 용액의 투전적 연구」가 그의 박사 학위 논문이다.

리승기는 합성 1호로 박사학위를 취득하면서 일본에서 확고한

3) 『리승기』, 공동철, 학민사, 1995.

지위를 다지자 조선인의 긍지로 부각되기 시작했다. 과학 잡지 『과학 조선』은 조선인 과학자의 대표적인 인물로 리승기를 지목했고 종합 잡지 『조광』도 '세계의 학계에 파문을 던진 합성 1호의 기염-리승기 박사의 고심 연구 달성(1939년 12월호)'이라는 제목으로 합성 1호 개발에 관한 기사를 실었다. 해방 때까지 조선인 출신으로 이공학박사를 받은 인물은 우장춘, 이태규, 리승기를 포함해 12명에 불과했으며, 일본에서 제국대학 박사를 딴 인물은 이태규, 리승기 2명뿐이었으니 그에 대한 기대는 높지 않을 수 없다.

리 박사의 연구가 공업화의 가능성을 열어주기는 했지만 완전한 실용화를 위해서는 해결해야 할 과제가 많았다. 우선 합성섬유 1호는 뜨거운 물에 닿으면 쉽게 수축됐고 이를 개선하기 위해 열처리를 하는 경우 착색되는 문제점이 있었다. 리 박사는 제조 공정 중에 포르말린 대신 아세트알데히드를 넣는 방법을 고안해 1942년 무렵까지 합성섬유 1호의 대부분 문제를 해결했다.

패망하는 일본에 군수용품을 만들어 줄 수 없다

리승기의 삶이 마냥 순탄했던 것만은 아니다. 일제강점기 막바지에 태평양전쟁이 격화되면서 리승기의 업적은 조선인이라는 정체성과 마찰을 일으켰다. 특히 전쟁 말기에 리승기가 합성 1호의 연구 방향을 군수용으로 전환되는 것을 강력히 반대했고 연구에 열의를 보이지 않는 데다 일본이 패망할 것이라는 이야기를 조선인

헌병에게 한 것이 빌미가 되어 체포되었다.

그가 체포된 진상은 간략하게 알려져 있다. 일제가 그의 발명을 공업화하는 데 혈안이 되었지만 리승기는 군부에서 절대적으로 필요한 비날론이 생산된다면 자신이 오히려 전쟁의 종료를 지체시킬지 모른다는 생각으로 이런저런 핑계를 대가며 실제로 공업화 완료를 지체시켰다는 것이다. 비날론 제조에 문외한인 군부이지만 상당한 시일이 지나도 아무런 진전이 없자 리 박사를 이상하게 생각하기 시작했다. 1944년 5월 보고서에 공업화 준비가 거의 끝났다고 보고했는데도 생산이 전혀 이루어지지 않는 것이다.

군부는 결국 한국인 헌병을 스파이로 리 박사의 연구실에 투입했다. 스파이는 리 박사를 넌지시 치켜세웠다. 일본군 졸병으로 왜놈들에게 굽신거리고 있지만 리 박사가 일본인 제자와 조수들을 부리면서 일을 하는 것을 보면 정말로 위안을 받는다는 것이다. 리 박사는 그가 스파이라는 것을 모르고 조선인으로 정을 느끼고 진심을 털어놓았다. 한마디로 일제강점기의 수모를 벗어나기 위해서라도 일본군의 군수물자가 될 화학섬유 공업화를 일부러 지체시키고 있다는 것이다.

곧바로 체포된 리승기는 민간인임에도 1944년 말 군법회의에 회부되어 오사카 군 형무소의 투옥되었고 감옥에서 해방을 맞았다. 위의 설명을 보면 합성 1호가 제2차 세계대전이 끝날 때까지 본격적인 대량 생산에 들어가지 못한 이유로 전쟁에 따른 물자 부족도 거론하지만, 리승기의 미온적 태도가 보다 큰 역할을 했음을 알 수 있다. 당대에 비날론의 생산은 매우 중요한 과제이었음에도 일제가 이를 실용하지 못한 것은 발명의 핵심 아이디어를 리승기가 머리에 갖고 있었기 때문으로 추정한다. 리승기의 동료 연구원인 사쿠라다 이치로 등이 있었으므로 그들이 절대 핵심을 알고 있었다면 일본에서 실용화에 박차를 가하지 못할 이유가 없었다는 뜻이다.

리승기는 해방이 되자마자 1945년 11월 마형옥, 리창직 등 대학에서 함께 연구하던 동료와 학생들과 귀국했다. 다음 해 경성대학 이공학부 교수에 취임한 리승기는 자신의 주전공에 대한 강의와 연구를 계속했다.

해방을 맞이했지만 당시의 연구 여건은 그야말로 엉망이었는데 마침 국립서울대학교 설립안(國立大學校案, 국대안) 파동이 일어난다. 당시 남한을 접수한 미 군정은 한국을 구 일본 영토로 간주하여 독립국의 지위를 인정하지 않고 학제 개편 등의 중요 사안에서 기존의 체제를 무시하고 미국식 체제를 전면적으로 강요했다. 이와 같은 사태가 일어난 것은 국대안에 총장과 이사진을 미국인으로 임명한다는 등 식민지적 조항이 들어 있었기 때문이다. 이에 교수들과 학생들이 국대안 반대 운동을 하고 동맹 휴학을 결의하여 다른 대학과 중·고등학교까지 소위 동정 맹휴에 들어갔다. 또한, 당시에 많은 지식인이 한반도를 포함한 일본권에서 교육을 받았음에도 이들의 의견은 무시하고 영어로 의사소통할 수 있는 인사들의 의견을 우선적으로 반영했다. 일본에서 세계적인 학자로 성장한 리승기와도 자연적으로 멀어지지 않을 수 없었다.

이때 많은 학생과 교수가 학교를 떠나는데 1947년 결국 리승기 박사도 사표를 내고 전남 담양으로 낙향한다. 그후 미국인 임명 원칙을 철회하겠다는 군정장관의 발표로 교수와 학생들이 복귀하고 리 박사도 1948년 서울대에 복귀하여 대한화학회 부회장을 맡기도 했다. 이듬해에는 공과대학 학장이 되었다. 그러나 그는 남한에 오래 머물지 않았다. 한국전쟁이 발발하자 곧바로 월북했기 때문이다.[4)]

리승기의 월북 배경에 대해 그가 사상적으로 공산주의에 기울었기 때문이라는 설명도 있지만 박성래 교수는 이런 설을 부인했다. 그는 한국전쟁이 일어나기 전에도 몇 차례의 월북 제의가 있었는데도 계속 거절했다는 것이다.

박 교수는 리승기의 월북은 사상 때문이 아니라 연구 여건 때문으로 적었다. 당시 북한의 일부 과학기술 분야의 연구 여건은 남한보다 상대적으로 좋았다. 남한은 국대안 파동 등으로 혼돈 상태에 있으므로 지식인들이 연구할 수 있는 여건이 되지 못했지만 북한은 재빠르게 정치적 혼돈을 잠재워 연구 여건이 남한과 상당히 달랐다. 특히 당시 남한은 과학자에 대한 지원이 거의 없다시피 했던 반면 북한은 국외에 거주한 한국인 과학자까지 초빙해서 연구에 전념할 수 있는 환경을 적극 지원했다. 리승기 박사의 월북이란 현상에 대해 당시의 남북한 정황을 비교적 객관적인 시각으로 접근한 김성

---

4) 『살아있는 한국 근현대사 교과서』, 김육훈, 휴머니스트, 2011.

칠 교수, 공동철, 김재정 박사 등의 글을 기본으로 설명한다.

북한이 이렇게 일찍부터 과학기술을 중시한 것은 북한이 중요하게 내세우고 있던 식민지 잔재의 청산과 사회주의 사회 건설에 과학기술이 불가분의 관계를 맺고 있다고 보았기 때문이다. 우선 과학기술은 일제강점기 동안 가장 억압한 분야였으므로, 그를 발전시키는 일은 식민지 폐해로부터 하루빨리 벗어나는 중요한 조치로 여겨졌다. 그리고 과학기술은 사회주의 체제 건설에 요구되는 '과학적 사상'의 증진과 물질 생산력의 발전에도 결정적인 기여를 할 것으로 인식되었다.

이로 인해 과학기술자들은 다른 사람들에 비해 사상적 구속을 덜 받으며 활동할 수 있었다. 북한의 체제상 사회 전반적으로 정치 사상이 매우 강조되었지만, 당시 북한의 현실이 과학기술계에 대해서만은 그 적용을 어렵게 만들었던 것이다. 북한은 과학기술자를 긍정적으로 묘사하고 적극적으로 옹호했는데 이는 공산 체제에 대항하는 세력이 될 가능성은 없었던 대신 절대 필요성이 요구되었기 때문이다. 특히 과학기술 분야의 전문가들이 적었으므로 일제강점기에 활동한 사람들은 한 명이라도 소중한 자산이었다. 그러므로 부족 인력을 단기간에 메울 방법으로 당시 남한에 있던 과학기술자들에게도 눈을 돌린다.

어느 분야보다도 과학기술계 인사들이 월북을 많이 했는데, 이는 북한의 유인과 남한의 배척이 상호작용을 한 결과였다. 남한에서는 '국대안 파동'으로 많은 과학기술자들이 대학을 떠났다. 북한은 이를 놓치지 않고 공작 전담반까지 만들어 그들의 월북을 조직적으로 추진했다.

당시 남한에 있던 리승기는 북한에서 유치 대상으로 삼은 주요 인물 중 하나였다. 몇 안 되는 박사 학위 소지자였던 데다가 해방 전에 일제에 대한 비방과 비협조적인 태도가 문제가 되어 투옥된 적도 있어 북한에서 영입할 주요 명분도 갖추고 있었다.

그러나 리승기는 북한에서의 집요한 월북 제의와 권유에도 불구하고 응하지 않았다. 대신에 그는 남한에서 좌익에서 그렇게도 문제시하던 국립서울대학교의 공과대학 학장을 역임하고 국가의 과학기술 정책을 논의하는 주요 회의에 참여하는 등 오히려 남한 정부에 상당 기간 협조적이었다.

그러나 한국전쟁은 많은 것을 변하게 했다. 전쟁 때 미처 피난을 떠나지 못하고 서울에 머무르고 있던 그에게 김일성의 위임을 받은 북조선 공업기술연맹의 책임자인 리종옥이 1950년 7월 말 방문하여 비날론 연구소 설립을 보장하면서 월북을 권유하였고, 그는 소달구지를 타고 북으로 갔다. 그리고 북한의 9·28 퇴각 때 가족들까지 모두 데려갔다.[5)]

많은 사람이 사상 때문이 아니라 등에 떠밀려서 38선을 넘은 사람들이 많다는 설명도 있지만, 여러 정황을 볼 때 리승기 박사는 강제 월북이 아니라 자진 월북한 것은 사실로 보인다. 북한에서 흥남화학 공업단지를 효율적으로 운영하고 발전시킬 수준급의 화학자

5)「두 사람, 같은 시대 다른 길(1), 이규태와 리승기」, 김재정, 네이버 사이트 내 검색.

가 시급해 필요했고 더욱이 리승기 박사의 딸이 이미 홍남 내의 연구소에서 근무하고 있었다. 리승기 박사는 큰딸을 자신의 모교이자 근무지였던 교토대학에 진학시켜 자신의 길을 걷게 했는데 그 딸이 졸업 후에 홍남 연구소로 갔다는 설명이다.

리승기 박사가 월북한다고 하자 일본과 서울대학교에서 배출한 제자와 동료 거의 모두 합류했다. 이 당시 '서울대학교 응용화학과가 통째로 넘어갔다'고 할 정도였다.[6] 리승기 박사의 월북 사건은 한국이 일제강점기에서 해방된 후 곧이어 한국전쟁이 포함되므로 월북 사건 자체로만 간단하게 설명할 수 있는 것은 아니다. 그런데 세계 역사상 볼 수 없는 한국전쟁은 이상과 현실의 양면성을 갖고 있다는데 더욱 설명이 어려워진다. 북한이 일으킨 명분은 조국 해방과 인민 해방이라는 이상이었지만 저지른 결과는 처참한 동족상잔이었다는 점이다.

조선 과학자들의 월북

리승기의 한국전쟁이 일어나기 전의 상황은 매우 복잡하게 엮어진다. 여수 순천 반란 사건, 4·3 제주 항쟁, 지리산 공비 토벌 등 이남에서는 이미 전쟁에 준하는 상황으로 많은 무고한 양민들이 대량 살육된 것은 사실이다. 여기에 친일 세력들도 활개를 치고 있는 상황에서 여하튼 한국전쟁이 일어났는데 전쟁의 현실은 엄청난 규

---

6) 『우리 지역을 빛낸 발명 위인! 발명품!』, 한국발명진흥회, 특허청, 2006.

모로 확대된 살육과 동족끼리의 어처구니없는 극도의 적대감 그리고 외세의 개입으로 이어진다. 현재도 가장 첨예한 문제는 북침이냐 남침이냐는 문제인데 이 문제는 1994년 7월 러시아로부터 한국전쟁에 대한 극비 문서들이 공개되면서 한국전쟁은 북한의 치밀한 계획에 의한 남침이었음은 부정할 수 없는 사실로 인정된다. 김성칠 교수는 북한이 남조선 해방이라는 선전을 공공연히 해 온 가운데 소련의 지원을 받은 치밀한 전쟁 계획에 의해 남침하였다고 못박았다.

북침설이 완전히 의미를 잃었지만 남측에서 북한의 침략을 유도했다는 남침 유도설과 연계되는 조국 해방 전쟁이라는 시각도 나오는 것은 사실이다. 김성칠 박사는 이런 주장이 나오게 된 연유를 다음과 같이 적었다.

"대한민국 요로에 있는 분들이 항상 북벌을 주장하고 또 일부는 우리의 손목을 붙들고 말리는 사람만 없다면 우리는 1주일 안으로 평양을 석권할 수 있다고 호언장담하는 사람들이 많았던 것은 사실이다."

문제는 남한은 아무런 준비도 없이 허황한 북벌론을 떠벌렸다는 점이다. 김성칠 교수는 남북 모두에 유감의 표시를 적는데 주저하지 않았다.

"남한과 북한에 다른 점이 있다면 하나는 인민을 채찍질하여 밤낮으로 침공의 준비에 전력을 기울인 반면 다른 하나는 큰소리만 뻥뻥 쳤을 뿐 침략에 대처할 수 있는 준비도 게을리하였다. 또 한편의 종주국(소련)은 졸개야 어느 지경에 가든 한 번 씨름해 보라고 무책임한 지령을 내렸고 또 다른 편의 종주국(미국)은 사려 깊게도 결코 선손을 걸어서는 안 된다고 손목 잡고 말렸다."

바로 이 부분에서 리승기 박사의 월북이 거의 선택의 여지가 없음을 적었다. 당시에 재능 있는 많은 인물이 남한의 현실에 절망하고 있던 차에 북한의 선전과 회유로 월북을 결심했다는 것이다.[7] 특히 북한의 이공계 여건은 남한보다 좋았다. 북한에도 일본강점기에 세운 공업 설비가 남아 있었지만 이를 운영할 사람이 없었다. 월북을 권유하는 과정에서 가장 큰 유인책으로 제시한 것이 안정적인 연구 여건이었다. 남한에서 과학 지식인들을 푸대접하는 상태에서 리승기 박사처럼 유명한 지식인에게 안정적으로 연구할 수 있다는 제안처럼 솔깃한 것은 없었다는 설명이다.

리승기를 더욱 솔깃하게 만든 것은 북한의 월북 조건이었다. 그의 관심사는 PVA 섬유, 즉 합성 1호였는데 북한은 흥남의 질소 비료 공장에서 일하도록 주선하겠다는 것이다. 흥남의 질소 비료 공장은 일제강점기에 건설되었는데 당시에는 세계적 규모를 자랑하고 있었다. 여기에서 생산하는 제품 가운데 카바이드, 아세틸렌, 아세트산, 아세트알데히드 등은 곧바로 PVA를 만드는 원료였다.

자신이 원하는 연구 조건을 북한 측에서 충분히 배려할 수 있다는 말에 그는 교토제국대학과 서울대학교에서 길러낸 제자와 동료들과 함께 자진 월북했다. 이 당시 많은 학자가 그와 같은 길을 택

7)『리승기』, 공동철, 학민사, 1995.

했는데 김성칠 교수는 이들이 처한 상황을 다음과 같이 적었다.

"많은 지식인이 오랫동안 일제의 가혹한 압제 밑에서 신음해오다가 해방 후 큰 기대를 가졌지만 당시 남한의 여러 정책 등이 하도 빈곤하여 기대가 컸던 만큼 실망도 컸다. 그 후 벌어진 남한에서의 여러 여건으로 마침내 남한에 대한 반발심이 북한에 대한 동경심으로 변했고, 또 북한의 활발한 선전 공작이 주효하고 있던 판에 한국전쟁을 맞았다.

글줄이나 쓰고 그림 폭이나 그리던 사람들 심지어 음악가·영화인에 이르기까지 재주 있다는 사람들이 많이 북으로 가버렸다. 학계로 말하면 신진 발랄한 사람이 많이 가고 남한에는 무기력한 축들이 지천으로 남아 있다. 월북한 그들이 모두 볼셰비키였다면 모르지만 중립적인 입장을 지키던 사람들 또는 양심적인 이상주의자들이 죄다 가버렸음을 생각하면 우리는 깊이 반성해야 한다."

우여곡절의 비날론 생산

남한에서 올라간 많은 학자가 북한의 화학 공업과 섬유 공업의 기초를 확립하는 데 기여했음은 물론이다. 그러나 북한의 연구 진행도 예상대로 되지는 않았다. 한국전쟁의 전황이 변하면서 북한군이 전면적으로 퇴각하자 그의 연구실도 평안북도 최북단인 청수로 옮겼다. 청수는 지역적 안정성과 실험 재료로 사용될 카이드와 아세틸렌블랙 생산공장이 있었다.

그는 연합군의 폭격을 피해 지하 방공호에 연구실을 설치한 후 본격적인 비날론 대량 생산 공정을 계획하였고, 한국전쟁이 끝난 1954년부터 본격적으로 연구원들을 투입하여 비날론 생산에 박차를 가한다.

오늘날 플라스틱(합성수지)의 핵심적인 물질 중 하나인 염화비닐(통칭으로 비닐)인데 비닐 화합물 중 초산비닐(아세트산비닐)이 비날론의 원료이다. 그런데 염화비닐과 PVC는 석유화학 산업의 계열적(stream)인 산물이다. 즉 정유공장을 가장 정점(upstream)으로 하는 계열적 석유화학 산업의 아래 계열(downstream)에서 나오는 생산물인데 1950년대에 북한에는 석유가 없었다. 즉 석유화학 산업이 없으므로 비닐 화합물 특히 초산비닐을 확보하는 것이 간단한 일이 아니었다. 하지만 리승기 박사는 염화아연법으로 제조한 활성탄을 가지고 초산비닐 합성에 성공했다.

이를 토대로 1954년 하루 20kg, 1957년에는 하루 200kg을 생산하는 '파이로트 플랜트' 가동에 성공했다. 북한에서 전 국민을 총동원하여 경제 기반 건설과 생산 증대를 독려하던 이 당시를 상징하는 단어가 바로 '천리마'였다. 천리마 시대는 북한이 전후 복구를 대체로 완료하고 본격적인 경제 건설에 돌입한 1950년대 후반에서 1960년대 초반을 말하는데 이때는 북한에서 외교적, 경제적으로 소련과 중국의 영향에서 벗어나 자립을 강구하는 '독자 노선'이 추진되었다.

당시에 소련은 북한에게 독자적인 공업 건설 등을 포기하고 '사회주의 국제 분업 체제'에 편입되는 것을 강요했다. 이것은 소련과 동구권에게 원료를 공급하면 대가로 공산품을 주겠다는 것인데 이것은 북한의 자체적인 발전을 가로막는 것이나 다름 아니었다.

마침 중·소 분쟁 등으로 사회주의권에서 소련의 주도권이 약해지자 북한은 자주 노선을 표방한다. 즉 정치적으로 독자 노선을 채택하고 경제적으로도 자립적 공업화를 추진하면서 소련이 제안한 사회주의 국제 분업 체제를 거부하고 독자적인 생존을 모색하자는 것이다.

천리마 시대의 대표적 성과가 바로 1961년에 1차적으로 완공된 2·8 비날론 기업소이다. 1961년부터 북한의 풍부한 석회석과 무연탄, 전기를 이용해 만든 카바이드를 기본 원료로 삼아 생산되는 연간 5만 톤(2만 톤이라는 말도 있음)의 비날론이 생산되기 시작했고, 이를 '주체 섬유'라고 발표했다. 당시 김일성은 비날론의 생산에 대해 다음과 같이 발표했다.

| 천리마 운동 선전 포스터

"비날론 공업은 완전한 우리의 주체적 공업입니다. 그것은 첫째로 비날론을 발명한 것도 조선 사람이고 그것을 생산하는 공장을 설계하고 건설한 것도 조선 사람이기 때문이며, 둘째로 우리나라의 풍부한 원료에 의거하고 있기 때문입니다."

비날론이 북한에서 얼마나 중요시되었는지는 연건평 4만m^2의

| 비날론 공장(자료 : 홍순기)

공장 설계를 6개월에 작성한 후 1960년 9월에 본격적인 공사에 착공하여 완공된 것이 1961년 5월이므로 공사 기간이 고작 7개월이었다는 데서도 알 수 있다. 연간 5만 톤이라면 북한 주민을 2,500만 명으로 볼 때 단순 계산하더라도 1인당 약 2kg의 비날론을 공급할 수 있다는 내용이다. 이는 북한 주민 모두에게 두툼한 겨울철 외투를 지급할 수 있는 양이다. 물론 얇은 옷이라면 십수 벌을 공급할 수 있으므로 파급 효과가 얼마나 큰지 이해할 것이다. 비날론의 성공 이후 주체 과학은 여러 부분에서 시도되는데 무연탄을 이용하여 가스를 생산해 내는 공장이 건설되는 것은 물론 한의학과 서양의학의 접목도 이루어졌다.[8)]

현재 비날론(비닐론)의 2/3는 산업 자재로써 사용된다. 비날론은 비중이 1.26으로 자연섬유에 비해 매우 가볍고 질기다. 그러므로

8) 「[씨줄날줄] 비날론의 역설/구본영 논설위원」, 구본영, 서울신문, 2010.03.09.

어망(漁網) · 육상망 · 밧줄 · 범포 · 천막 · 포장재료(비료 · 곡물 · 채소 부대), 바가지와 물통, 농업용 천, 컨베이어 벨트, 자전거의 타이어 코드나 복합 재료로써도 활용된다. 높은 강도, 양호한 내후성(耐候性), 뛰어난 내약품성과 내부패성 등의 성질을 이용한 것이다.

비날론이 큰 효용도를 보이는 곳은 옷감 재료이다. 비날론은 합성섬유이면서도 전통 섬유인 무명과 특성이 비슷하여 특히, 양털 등의 자연섬유와 혼직하면 섬유 간의 성질이 유기적으로 결합돼 고품질의 외투 천, 양복 천들을 만들 수 있다. 또한, 흡수율이 5%로 다른 비닐계 섬유보다 높다. 흰색을 띠고 윤기가 나며 내구성이 길며, 열전도성이 낮아 보온성이 좋은 것이 특징으로 작업복 · 학생복, 이불감 · 목도리 등은 물론 메리야스를 만드는 데도 사용된다.

더불어 산, 알칼리에 견디는 성질이 좋고 20도에서 20% 류산에 견디고 묽은 수산화나트륨 용액에는 침식되지 않는 성질을 지녔다. 대부분의 유기용매에 안정하며 바닷물 속에서도 썩지 않는다. 따라서 비날론은 매우 질기고 따뜻할 뿐 아니라 곰팡이를 비롯한 미생물의 침입을 거의 받지 않아 옷감에서 공업용에 이르기까지 넓은 용도로 사용할 수 있다.[9]

그러나 비날론이 화학약품에 강하다는 것이 오히려 단점으로 상황에 따라 염색이 잘 안 되는 경우가 있다. 특히 나일론보다 생산비용이 높은 것으로 알려지는데 이것은 효율이 좋은 원유보다 석탄

9) 『우리 지역을 빛낸 발명 위인! 발명품!』, 한국발명진흥회, 특허청, 2006.

을 사용하기 때문으로 추정한다.[10] 그러나 일본의 경우 원유가 아니더라도 석탄과 석회석만으로 원료를 해결할 수 있다는 것은 대단한 장점이었다.

북한에서 비날론 생산이 순조로웠던 것만은 아니다. 1961년부터 실 생산에 성공하여 세계를 놀라게 한 북한의 2·8 비날론기업소는 생산 중단의 위기를 맞는다. 제조 과정에서 많은 폐기물이 나오는 것은 물론 생산 과정에서 전기가 막대하게 소모되는데 수력발전만으로도 전기가 남아돌던 1950~1960년대에는 그야말로 대량으로 전기를 사용해도 무방했지만 전력 부족이 문제가 되자 결국 1994년 각종 에너지 공급 부족으로 가동을 멈췄다. 당시 평남 순천에 100억 달러가 드는 연산 10만 톤 규모 비날론 공장을 짓다가 이마저 외화난으로 공사를 접었다는 말도 돌았다.

그런데 북한은 2010년 2월부터 현대화 공사를 거쳐 연산 15만 톤에 달하는 제품을 생산할 수 있다고 발표했다. 2012년에는 비날론을 이용해 만든 담요, 양복 천, 외투 천, 목도리 등 다양한 제품들을 북한에서 시판되는데 흡습성이 좋고 질기기 때문에 시민들의 호평 속에 판매된다고 주장했다. 일부 학자들은 북한에서 비날론의 실용화가 매우 큰 변화를 갖고 왔다고 설명한다. 북한에서 의복 등은 정부의 지급품인데 과거에 북한인들이 입는 옷의 색깔이 대체로 우중충한 것은 사실이다. 그러나 비날론이 생산된 이후 북한인들의 옷이 적어도 과거보다는 화려해졌다고 말한다. 이는 전적으로

10) 「北, '주체섬유' 비날론 제품 판매 시작」, 안윤석, 노컷뉴스, 2012. 01. 25.

비날론의 대량 생산 때문으로 추정하는데 앞으로 기술 개발의 추이에 따라 보다 업그레이드된 제품들이 출시될 것으로 추정한다.

그러나 북한의 비날론 생산에 대한 발표는 북한의 체제 유지를 위한 선전에 지나지 않는다는 주장도 있다. 2012년 강성 대국 건설의 상징성과 김정은으로의 3대 세습 선전을 위해 비날론을 선전하고 있다는 주장인데 이 문제는 앞으로 상세한 내역이 밝혀질 것으로 보인다.[11]

참고적으로 일본에서도 PVA 섬유(비닐론)을 산업용 고부가가치 섬유로 부상시키는 데 성공했다. 고강도, 고탄성화가 가능해짐에 따라 건축 재료, 고무 보강용으로서 뿐만 아니라 산업용 섬유 전 분야에 다량 사용되며, 특히 석면의 대체품으로 PVA 섬유가 각광을 받고 있다. 이는 일본에서 PVA 섬유의 중요성을 알고 꾸준한 기술 개발을 거친 것으로 앞으로 PVA 시장은 폭발적으로 증가할 것으로 추정한다. 흥미로운 것은 일본의 PVA 생산은 석탄이 아니라 석유를 주원료로 사용한다.[12]

국장으로 치러진 장례식

북한이 오늘날에도 비날론을 중요하게 평가하는 것은 당연한 일이라고 박성래 교수는 적었다.[13] 일본에서는 비날론(일본식 이름은

11) http://www.rfchosun.org/program_read.php?n=7106
12) http://sonnet.egloos.com/4389149
13) 『우리 과학 100년』, 박성래, 현암사, 2003.

비날론)을 의복용보다는 산업용으로 많이 연구했지만 북한에서는 주로 의복용으로 연구하여 실제적인 활용도를 높였기 때문이다. 1960년대에는 소련, 1980년대에는 몽골에 비날론 생산 기술을 수출하기도 했으므로 '주체 섬유'에 대한 평가가 높아지지 않을 수 없다.

당시 북한의 비날론 생산은 남한에서도 큰 충격으로 받아들였다. 한국에서는 미국에서 생산된 나일론이 '기적의 섬유'라 불리며 스타킹, 양말 등 다양한 용도로 사용되고 있었다. 그러나 한국에서는 나일론을 생산해 낼 수 있는 기술이 없었기 때문에 모두 외국에서 실을 들여와 직물을 짜거나 완제품을 수입해야 했다. 1965년에 비로소, 동양나이론(지금의 효성)이 나일론 원료를 만드는 데 성공하여 북한의 주체 섬유에 대항할 수 있었다.[14]

비날론 공장 준공 후 리승기가 국내외에서 받은 포상과 훈장은 열거하기 어려울 정도로 많다. 리승기는 1961년 비날론 공장의 준공과 함께 '노력 영웅'의 칭호를 받았으며 다음 해에 공산주의권의 노벨상으로 불리는 소련의 레닌상 수상자가 되었다. 1966년에는 북한 사람으로는 처음으로 소련 과학 아카데미 명예 원사(원사는 소련과 북한의 학제에서 박사보다 높은 단계) 칭호를 받았다. 1980년 김일성의 생일에 '국산 원료와 자재로 비날론 공업을 창설하고 인민 생활에 공헌'한 공로로 김일성상을 받았으며 1986년 중국으로부터 인민 과학자 칭호와 국기훈장 제1급을 받았다. 저서로 자서전인 『어

14) 『살아있는 한국 근현대사 교과서』, 김육훈, 휴머니스트, 2011.

ㅣ김일성과 리승기

ㅣ리승기 박사 묘
(애국열사릉, 자료 : 민족21)

느 조선 과학자의 수기』가 있다.

그는 1960년 이후 과학계 대표로서 1990년까지 최고인민회의 대위원도 지냈으며 망명자들의 증언에 의하면 북한이 1967년 영변 원자력 연구소가 설립되어 원자력 연구를 시작했을 때 초대 연구소장을 맡았다. 그가 병으로 누웠을 때 김일성이 그에게 100년 된 산삼을 보냈다는 일화가 있다. 1996년 2월까지 91세라는 보기 드문 장수를 했는데 1995년의 생일에는 김정일 국방위원장이 생일상을 올렸다고 한다.[15] 그에 대한 특출한 예우는 1996년 그가 사망했을 때 국장(國葬)으로 치른 것으로도 알 수 있으며 현재 평양 신미리의 애국열사릉에 안장되었다.

일제강점기 때 리승기의 전력을 보면 그야말로 천재 과학자라기보다는 애국자라는 표현이 알맞다. 나일론과 더불어 합성섬유 분야에서 가장 많이 사용되는 비날론을 발명하였음에도 일제에 항거

---

15) 「북의 최고과학자 리승기 박사」, 서금영, KISTI의 과학향기, 2007.10.10.

하다 투옥되었고, 갖가지 회유에도 결코 굴하지 않고 감옥에서 버텼다. 그의 발명이 세계적임을 감안하면 과학자로서 실제 자기의 아이디어가 생산되는 것 자체가 큰 영광일 수 있음에도 그는 끝까지 조선인으로서의 긍지를 꺾지 않았다.

그의 발명이 탁월했다는 것은 전쟁이라는 변수가 있지만 일본이 탐이 나는 기술임에도 이를 실용화하지 못했다는 것으로도 알 수 있다. 그와 일본인이 공동으로 개발했다고 알려지지만 핵심 기술은 리승기가 갖고 있으므로 일본인이 전쟁 말기에 실용화에 그렇게도 혈안이 되었지만 성공치 못한 것이다. 한마디로 리승기가 갖고 있는 정확한 공정을 몰랐기 때문이다.

여하튼 리승기는 일본이 패망하자 비로소 석방되었다. 그야말로 한국이 자랑하는 세계적인 과학 천재임에도 불구하고 해방된 고국에 귀국하여 한국의 화학공업에 헌신을 하려 했지만 여건은 그를 월북하게 만들었다는 시각이 팽배하다. 그러나 그가 월북했다는 사실은 한국에서 그를 경원하는 단초가 되었다. 사실상 그의 월북 이후 다른 월북자들과 마찬가지로 대한민국에서 그에 대한 언급조차 금기였다. 그러므로 그가 세계적으로 과학기술 분야에서 절대적인 공헌을 했음에도 분단이라는 현실이 그의 업적을 제대로 인식하지 못하는 것은 사실이다.

2000년 8월 15일 서울의 이산가족 상봉 행사에 참여한 북쪽 인사 중에는 리승기의 부인 황의분 여사가 있었다. 당시 북측 방문단의 최고령자인 황 여사는 올케 강순악 씨와 조카 황보연 씨 등을 만났다. 이를 계기로 남한의 언론에서도 리승기에 대해 그의 업적을 다루는 계기가 되었다.

역사에서 '만약'이란 가정은 무의미하지만 광복 이후 남한에서 과학자를 우대했다면 리승기 박사가 서울대 응용화학과에서 길러낸 제자들과 함께 집단으로 월북하는 일은 없었을 것으로 추정한다. 그는 미 군정이 한국을 일본의 영토로 간주해 서울대의 학제 개편을 미국식으로 강요하자 담양으로 낙향했을 때도 '아편쟁이가 아편을 잊지 못하듯 비날론을 잊을 수 없었다.'라고 회고했다. 오늘날 우리나라가 한국인 과학자의 외국 두뇌 유출을 걱정하는 시대가 되었지만 과학자에게 연구에 전념할 수 있는 환경을 제공하는 일은 국가의 운명을 결정하는 중대한 과제가 아닐 수 없다.

한편 박성래 교수는 리승기의 '복권'이야말로 남한에서는 북한의 과학기술과 과학기술자를, 북한에서는 남한의 과학기술과 과학기술자를 온전하게 평가할 수 있게 되는 시금석이 될 것이라고 적었다.[16] 그러므로 리승기 박사가 '과학기술인 명예의 전당'에 헌정되는 것도 결코 무리한 일이 아니라는 시각이 있는 것도 사실인데 여기에서 더 이상 다룰 일은 아니다.

---

16) 『우리 과학 100년』, 박성래, 현암사, 2003.

제5장

세계적인 한국의 수학자
이임학
(李林學, 1922~2005)

- 생애와 경력

1922년 : 함경남도 함흥에서 태어남
1944년 : 경성제국대학 이공학부 수학물리학과 졸업
1944 ~ 1945년 : 중국 봉천(현재의 심양) 조선비행기주식회사 감독
1945년 : 경성대학 전임강사
1946년 : 휘문중학교 교사
1946 ~ 1953년 : 서울대학교 교수
1954 ~ 1955년 : 브리티시 컬럼비아대학 수학과 펠로우
1955년 : 브리티시 컬럼비아대학 수학과 박사
1956 ~ 1987년 : 브리티시 컬럼비아대학 연구원, 강사, 교수
1963년 : 캐나다 왕립학회(Royal Society of Canada)의 정회원(Fellow)
2005년 : 세상을 떠남

- 업적

해방 시기에 대학의 수학 교육에 매진한 교육자
외국 학술지에 처음 수학 논문을 실은 수학자
리 유형 단순군 분류에의 기여와 새로운 단순군 모임의 발견

제 5 장

세계적인 한국의 수학자 이임학

수학은 모든 학문의 기초로 인식된다. 수학은 모든 지구 상의 원리에 주춧돌 역할을 해왔는데 뉴턴이 만유인력의 법칙을 발견한 것도 그가 미적분학을 만들었기 때문이다. 또한, 20세기 들어 아인슈타인의 일반상대성이론이나 양자역학이 나오게 된 것도 수학의 공이다. 그러므로 교과서에서 수학은 과학으로 분류되지 않고 수학으로 분류된다.

'수학은 수학이다'라는 말도 있지만 일반적으로 수학은 방정식으로 표현된다고 해도 과언이 아니다. aX+b=c라는 1차 방정식은 X=(c-b)/a라는 답이 존재한다. 4차까지의 방정식은 이처럼 대수적으로 구할 수 있다. 그러나 5차 이상의 방정식은 대수적으로 풀 수 없다. 이런 사실을 처음으로 증명한 사람은 천재 수학자 갈루아(Evariste Galois, 1811~1832)로 이임학을 설명하려면 반드시 거론되어야 하므로 먼저 설명한다.

21세에 요절한 천재

갈루아는 프랑스 혁명에 참가하여 투옥되었다가 석방된 후 결투하다 21세에 요절했는데 그는 수학에 '군(group)'이라는 개념을 처음 도입했다. 군론이란 연산이 정의된 어떤 집합의 수학적 구조를 연구하는 것으로 '군'이란 용어도 갈루아가 처음으로 사용했다. 4차 방정식까지는 대수적인 풀이는 알려져 있었지만 5차 이상 방정식의 근의 공식이 있는지는 밝혀지지 않고 있었다. 갈루아는 이 물음에 대한 답을 찾는 과정에서 군론을 도입했다. 군론이 현대에서 각광받는 것은 갈루아의 이론 자체가 현대 수학의 기초가 됐으며 난해하기로 그지없는 현대 양자역학 등 물리학에도 응용되고 있기 때문이다.

갈루아의 아버지는 파리에서 남쪽으로 자동차를 타고 20여 분 거리에 있는 소도시 부르라렌 시에서 17년간 시장을 지낼 정도로 자신의 지역에서는 성공한 사람이다. 그 덕분에 갈루아는 당시 귀족

자제들이 많았던 루이 14세 중고교에 다녔는데 라틴어와 그리스어를 싫어했고 생활기록부에는 '품행 불량'이라고 적혀 있다. 모범학생은 아니지만 그의 재주는 「1차 대수 방정식에 관한 연구」라는 논문을 낼 정도로 수학에서 두각을 나타냈다. 그러므로 그를

본 학교의 교사는 "그를 지배하고 있는 것은 수학에 대한 광기"라고 평가했을 정도다. 그는 아드리앵 마리 르장드르(1752~1833)가 저술한 유클리드의 13권짜리 『기하학 원론』을 현대화한 수학 이론서를 마치 소설책을 읽듯이 이틀 만에 독파했다고 한다.

그러나 갈루아의 인생은 17세 때 아버지가 시장직을 내놓고 자살로 생을 마감하면서 뒤틀리기 시작한다. 집안의 경제적 형편이 급격히 기운 것은 물론 당시 수학 최고 명문 에콜 폴리테크니크(Ecole Polytechnique)에 응시했으나 면접에서 낙방하여 에콜 노르말(Ecole Normale Superieure)에 입학한다. 물론 에콜 노르말도 에콜폴리테크닉과 마찬가지로 그랑제콜(고등교육기관)로 일명 천재 학교라 불린다. 에콜폴리테크닉과 쌍벽을 이루는 천재 학교다.

프랑스는 프랑스 특유의 엘리트 교육 시스템을 병행하고 있다. 3~4년제 그랑제콜(Grande Ecole) 제도가 그것이다. 프랑스 학생들은 고등학교를 졸업할 때 한국의 수능시험과 같은 바칼로레아(대학 입학 자격시험)를 치르는 데, 이 시험에 합격하면(합격률 70~75%) 프랑스 영향권에 있는 어느 일반 대학이나 들어갈 수 있다.

그런데 바칼로레아 합격자 중 상위 그룹은 일반 대학에 가지 않고 2년간의 대학 예과 과정에 해당되는 프레파(PREPA · 진학준비반)를 거친다. 공부만 파고든다고 해서 '두더지'란 별명을 가진 이들은 예비 학교를 마치면 천재 학교로 불리는 '에콜'에 지망한다(예능학교는 제외). 유명 그랑제콜인 경우 경쟁률이 10~100대 1이나 되는데 한 학년의 정원이 100~500명 정도로 제한적이다.

그랑제콜은 교육과정이 4년제 대학보다 1~2년 더 길고 경쟁률이 높은데도 필사적으로 입학하려는 이유는 간단하다. 공부한 만큼의 대가가 있기 때문이다. 그랑제콜에 입학하면 재학 기간에 공기업 수준의 월급이 나오고, 졸업 후에는 교수나 연구원, 공무원, 군 장교 등 전문 직종에 특채된다. 일반 기업체로 갈 경우에는 일반 대학교 출신보다 봉급이 2~5배 많은 게 보통인데 에콜폴리테크닉, 에콜노르말이 최상위 서열이다.[1)]

여하튼 갈루아와 같은 수학 천재가 당시 서열 1위 학교에 낙방하고 서열 2~3위 학교에 입학했다는 것이 의아하지만 그가 면접에서 낙방했다는 것은 어느 정도 이해가 가는 일이다. 이브 앙드레 에콜노르말 및 프랑스 국립과학원(CNRS) 교수는 낙방 이유를 다음과 같이 말했다.

"당시 면접관이 '산술 대수에 대해 설명하라'고 말하자 갈루아는 '산술 대수 같은 수학은 없기 때문에 설명할 것도 없다'고 대답해 시험관을 격분시켰다."

한마디로 면접을 보러 온 그의 수학적 능력이 이미 면접관들의 수준을 넘어섰다는 것이다. 호기롭게 자신의 천재성을 노출했지만 그의 인생은 프랑스의 정치 상황에 의해 꼬일 대로 꼬인다. 공화주의자였던 그는 1830년의 혁명에 참가하고, 교장 배척 운동을 하는 등으로 퇴학당하자 국가방위군 포병대에 가담한다. 하지만 포병대는 공화주의를 지원한다는 이유로 곧 해산됐다. 갈루아는 부대 해

1) 「[기고] 영재, 파격적 지원해야 천재된다」, 이종호, 세계일보, 2008. 09. 16.

산 후에도 여전히 포병대 복장을 하고 다니다 체포돼 몇 달 동안 옥살이를 했다.

갈루아가 수학자의 길을 걷지 못한 요인에는 몇 가지 황당한 불운도 겹친다. 그는 에콜 노르말 재학 시절 「방정식론」에 대한 논문을 파리 한림원에 보냈는데 심사를 맡은 오귀스탱 루이 코시가 논문 원고를 분실했다. 이 논문에 그의 가장 큰 업적 중의 하나로 '5차 이상의 방정식의 해(근)는 구할 수 없다'는 내용이 들어 있었다고 한다.

갈루아는 이후 한 단계 발전시킨 이론으로 「5차 이상의 방정식 중 대수적으로 풀 수 있는 조건과 아닌 것을 구분하는 필요 충분 조건을 증명」하는 논문을 프랑스 한림원에 다시 보냈다. 그런데 이번에는 심사관인 조제프 푸리에가 심사 도중 사망하는 바람에 원고가 사라지고 말았다. 푸리에(Jean Baptiste Joseph Fourier, 1768~1830)는 나폴레옹의 이집트 원정을 수행한 유명 수학자다.

갈루아는 사망하기 전해인 1831년 프랑스 한림원에 또다시 방정식 등에 대한 논문을 제출했다. 그런데 이번에는 심사를 맡은 수학자 시메옹드니 푸아송이 "전혀 이해할 수 없다."라며 받아들이지 않았다. 시대를 앞서간 그의 이론을 당시 수준에선 도저히 이해할 수 없었던 것이다.

더욱 황당한 것은 수학의 천재 갈루아가 그야말로 허무하게 죽었기 때문이다. 그는 사귀던 여성 문제로 가석방 기간 동안 동료 공화주의자로부터 결투 신청을 받는데 상대는 뛰어난 사격 실력을 갖고 있었다. 자신이 결투에서 승리할 수 없다는 것을 잘 아는 갈루아는 결투 전날 자신의 운명을 직감하고 친구 오귀스트 슈발리에 등 지인들에게 작별의 편지를 남기면서 자신이 알고 있던 주요 수학 이론 등을 밤새 정리하여 첨부했다. 당시의 결투는 25발짝 건너 권총을 쏘는 것으로 결투 자체는 그의 예상대로 진행되었다. 결투에서 총상을 입고 이튿날 동생이 지켜보는 가운데 쓸쓸하게 세상을 떠났다. 그는 동생에게 다음과 같이 말했다.

"아우여! 울지 말라. 스무 살의 나이에 죽기에는 내 모든 용기가 필요하다."

그가 스스로 '무의미한 결투'라고 말했지만 천재의 고집은 이곳에서도 나타난다. 결투에 응하지 않으면 될 일이지만 명예에 죽고 사는 당대에 목숨을 잃을 것이 뻔하지만 결투에서 도망갈 수는 없는 일이다.[2] 그가 결투하기 전날 작성한 논문은 그가 사망한 지 40년 후에 60페이지의 소책자로 간행되었다. 비로소 반항적 공화주의자 갈르와가 19세기의 지도적 수학자의 한 사람으로 역사에 남게 되는 것이다.[3]

갈루아 이후 수학자들은 고차 방정식을 풀면서 여러 종류의 군을 잇달아 발견했고 20세기 초반부터 군이론, 특히 이 가운데서도 가장 간단한 단순군에 대한 이론은 수학의 중요한 분야로 확고하게 자리를 잡는다. 군의 기초가 되는 단순군이 새로 발견될 때마다 수

2) 「[이만근 교수와 함께 수학의 고향을 찾아서]〈10 · 끝〉갈루아」, 구좌룡, 동아일보, 20120518

3) 『수학의 세계』, 박세희, 서울대학교출판문화원, 2006.

학계에서 큰 파문을 일으키는데 새 단순군의 발견은 새로운 수학의 탄생과 마찬가지로 인식되기 때문이다.

놀랍게도 이임학 박사가 바로 이런 새로운 수학인 단순군을 발견한 것이다. 이 업적으로 국내의 어느 수학자도 이 박사가 한국이 낳은 최고의 수학자라는데 이의를 제기하지 않는다. 그가 발견한 군에는 그의 이름을 따 '리군(Ree Group)'이라는 이름이 붙여져 있다. 프랑스의 디외도네(Jean Dieudonne)는 『순수 수학의 파노라마(A Panorama of Pure Mathematics)』에서 과거부터 현재까지 21명이 군이론에 공헌했다고 적었으며 일본의 저명한 '이와나미' 수학사전에도 그의 '리군 이론'이 기록되어 있다. 영국 수학 아카이브 수학사 사이트에도 한국인 수학자로는 유일하게 이름을 올리고 있다.[4][5]

이임학은 그 외에도 수학의 여러 분야에서 큰 업적을 남겼지만 그를 기억하는 한국인은 거의 없다. 그의 인생도 갈루아만큼이나 파란만장했기 때문이다.

국가가 버린 세계적 수학자

이임학(李林學, 1922~2005)은 엄밀하게 말하면 한국의 국적이 없는 한국 태생의 캐나다 국적 수학자이다. 한국인으로 한국의 국적이 없다니 무슨 말이냐고 하겠지만 그것은 그만큼 그의 생활이 순조

---

4) 「한국이 낳고 세계에서 활약한 뛰어난 과학자들」, Science and Academy Today, 한국과학기술한림원, 2015. 10. 22.
5) http://www.kast.or.kr/HALL/

| 이임학

롭지 않다는 것을 의미한다.

일제강점기 함경남도 함흥에서 태어났는데 어렸을 때부터 무언인가를 만드는 것을 좋아했다. 중학교 때 직접 전기 모터를 만든 적도 있고 망원경을 만들기도 했다. 함흥고등보통학교 시절 수학을 매우 잘했지만 장차 수학자가 되려고 생각하지 않았다고 한다. 당대에 수학자가 무엇인지도 몰랐기 때문이다.

수학에 관심을 가지게 된 것은 1939년 경성제국대학 예과 물리학과에 입학하였을 때 교토제국대학을 갓 졸업한 물리학과 선생을 만나서부터이다. 당시 경성제국대학에 수학과가 없었으므로 이임학은 물리학과에서 물리학보다 수학을 더 열심히 했는데 그를 본 교수는 이임학이 수학에 재능이 있는 것을 알고 집합론, 군론, 갈루아이론 등에 대해 알려주었으며 책도 빌려주었다.

이임학은 제2차 세계대전 말기인 1944년 졸업하였다. 알려지기로는 일제의 식민 정치 때문에 대학 전체에 대해 반감을 가졌던 그는 일본인 교수가 강의하는 수학 강좌에 나가지 않고 거의 독학으로 수학을 공부했다고 한다. 졸업 후 박홍식이 만든 조선비행기공업주식회사에 기술자로 취직하여 중국 봉천(현재의 심양)에서 제품을 검사하는 일을 하다가 광복을 맞이했다.

해방 후 휘문중학교에서 교편을 잡다가 경성대학교(서울대학교) 수학과 교수로 부임했는데 이때 일화가 있다. 해방 뒤 일본인 교수들이 물러나면서 국내 수학자들 사이에 누가 서울대학교의 교수가 될 것이냐에 관심이 집중되었다. 결국, 15명의 수학자들이 회의를 열어 투표로 김지정, 유충호, 이임학 등 3명을 서울대 수학 교수로 추천했다. 당시 이임학의 나이는 24세였다. 그는 서울대 수학과에서 현대대수학, 고급 정수론, 위상수학 등을 가르쳤다. 그 시기에 미분적분학은 그랜빌 스미스 롱리의 영문판 책을 교재로 많이 사용했는데, 이임학은 그 책의 편역판을 1948년에 처음 출판했다. 그는 이후에도 7권의 대학교재를 저술하는 등 해방 시기의 수학 교육에 중요한 역할을 했다.

그렇지만 당대의 국내 상황은 만만치 않았다. 미 군정은 좌익 성향의 서울대 교수들에 대해 매우 많은 불만을 갖고 있었다. 특히 일제강점기 일본에서 공부한 물리학과, 수학과 교수들도 예외가 아니어 좌익 성향의 교수들이 많았다. 이때 미 군정이 시도한 것이 국립서울대학교 설립안(국대안)이다. 이 설립안은 경성대학, 경성사범대학, 경성공업대학, 경성음악학교, 수원농림전문학교 등을 한 개의 종합대학으로 통폐합한다는 명분이다. 그러나 실무 내역은 관료적 통제를 강화하고 학교의 자치권을 제한하려는 의도가 숨어 있었다.

이임학도 국대안에 반대하면서 사표를 던진 많은 교수 중 한 명으로 북한으로 오라는 제안을 받고 유충호 교수와 함께 북한으로 갔다. 당시 함흥에는 어머니와 누이동생들이 있으므로 함께 만나기도 했는데 그는 북한의 제의를 거절하고 남한에 다시 내려왔다. 이후 잠시 휘문고와 이화여고에서 수학 교사로 있다가 1947년 다시 서울대학교에 복직했다.

1947년 어느 날 남대문시장을 지나치던 이임학은 길가에서 미군이 버린 종이와 책 등이 쌓인 쓰레기더미에서 책 한 권을 집어 들었다. 바로 그해 발간된 미국 수학회지(Bulletin of American Mathematical Society)였다. 집에 와서 이임학은 수학회지에서 막스 초른이라는 유명한 수학자의 논문을 발견했다. 그런데 논문 끝에 막스 초른조차 해결하지 못한 문제가 제시되어 있었는데 이임학은 어렵지 않게 그 문제를 해결한 후 자신이 해결한 답을 편지로 써서 막스 초른에게 보냈다.

이임학의 편지를 받은 막스 초른은 곧바로 그의 글을 논문으로 만들어 이임학의 이름으로 미국 수학회지에 대신 투고해 주었다. 막스 초른이 대신 투고했던 그 논문은 1949년에 발표되었고 한국인 최초의 수학 논문이 되었다. 하지만 이임학은 자신의 논문이 미국 수학회지에 게재된 사실을 전혀 몰랐다.

이임학의 생활은 그 후 극적으로 바뀐다. 한국전쟁이 끝날 무렵 『Mathematical Reviews』를 보다가 한 논문의 미비점을 지적하는 편지를 보냈는데 이임학의 재능을 알아차린 학교에서 장학금을 주겠다는 답장을 받게 된다. 이를 계기로 1953년 캐나다 밴쿠버의 브리티시 컬럼비아대학교에 유학하여 캐나다의 첫 한국인 유학생이 되었으며 불과 2년 만에 박사 학위를 받았다. 캐나다에 도착해서야 자신이 초른에게 보냈던 논문이 학술지에 실렸음을 알았다고 한다.

그가 캐나다에서 박사 학위를 받은 후 미국 예일대학교에서 포스트닥(박사후 연구원)을 마치자 예일대학교에서 교수로 채용하겠다고 하여 샌프란시스코에 있는 한국 영사관에 여권 갱신을 요청했다. 그러나 영사관은 공부를 다 했으니 귀국하라고 종용했다. 이임학이 대학교에서 연구를 계속하겠다고 말하자 영사관은 일방적으로 여권을 압수했다. 당시 영사관은 이임학에게 "당신은 한국에 돌아갈 거라고 생각되어 여권을 없애 버렸다."라고 했다는데, 일부에서는 한국전쟁 당시 이임학이 참전하지 않은 것을 문제 삼아 여권을 압수했다는 설도 제기하고 있다.

여권을 빼앗기고 무국적자가 된 그는 이 때문에 미국과 유럽 등에서 열리는 학술대회에도 참가하지 못했다. 이를 딱하게 여긴 브리티시 컬럼비아대학은 그에게 교수 자리를 마련해 주었고 캐나다 국적을 취득하게 되었다. 그러므로 그의 모든 연구는 한국인 이임학이 아닌 캐나다인 이임학으로 학계에 소개되었다. 한국 국적을 박탈당한 후 그는 리군을 발견한 공로로 캐나다 최고의 영예인 왕립학회 회원이 되었다. 브리티시 컬럼비아대학에서 그는 1960년까지 국제 학술지에 총 16편의 논문을 게재했다. 그중 공저는 단 2편이었으며, 나머지는 모두 단독 저술이었다.

사실 그는 한국인이 아닌 캐나다인으로만 살았다. 그는 한국 시민권을 박탈당한 데에 대한 한을 여러 사람에게 이야기했다. 특히

1960~1980년대 한국에 박정희 군사정권이 들어서면서 진보 성향을 갖고 있는 이 박사는 국내 입국조차 거부했다. 그러므로 박정희 대통령이 '재미 한국과학자협회'를 만들어 발기인 명단에 이임학 교수를 넣었으나 그는 한국 국민이 아니라며 참가를 거부했다. 특히 그는 한국은 자신의 국적을 박탈했지만 캐나다 정부는 자신을 인간으로 대우해 주었다는 것을 누구에게나 이야기했다. 그만큼 한국 시민권을 박탈당한 데에 대한 한을 토로했다.[6]

리군(Rhee Group) 이론

어떤 조건을 만족시키는 결합법과 원소들의 집합을 '군(群, Group)'이라고 한다. 군의 개념은 고대 그리스의 정다각형 및 정다면체의 이론뿐 아니라 이집트 장식물의 기하학적 구조에까지 거슬러 올라간다.

그러나 수학자들이 군의 중요성을 인식하기 시작한 것은 18세기 후반이다. 고차원의 대수 방정식을 연구하면서 수학자들은 대수 방정식의 근의 집합에서 순열의 군을 우연히 발견했으며 갈루아에 의해 정리된다. 군이론은 그 뒤 다양한 응용성에 의해 발전을 거듭하는데 마침내 20세기 초반 수학의 새로운 갈래로 자리 잡는다.

군이란 개념은 현재 수학 전체를 통틀어 가장 근본적인 개념 중 하나다. 클라인(Felix Klein)은 기하학을 다음과 같이 정의했다.

---

6) 『한국의 과학자 33인』, 신동호, 까치, 1999

공간상에서 어떤 특별한 변환군 아래에서도 변치 않는 공간의 성질을 연구하는 학문

이 말은 군이론과 그 방법론이 현재 거의 모든 분야에서 활용된다는 것을 의미한다. 그러나 군이론이 현대에서 크게 주목받는 것은 수학 분야 이외에도 결정학, 양자역학에서 유용한 도구로 사용되기 때문이다. 예를 들면, 결정(結晶)은 군이론의 용어를 빌려서 n차원 유클리크 공간에 있는 점의 집합으로 처리된다. 가장 간단한 군의 예로 다음과 같은 경우를 제시된다.

모든 정수의 집합을 S라 하고 집합 S에 속하는 임의의 두 원소를 취하여 더하면 그 합은 역시 정수로 집합 S의 원소가 된다. 또한, S는 결합률(結合律), 즉 (a+b)+c=a+(b+c)를 만족하고 임의의 원소 a에 대해서 a+0=a인 단위원 0이 있으며 임의의 원소 a는 a+(-a)=0이 되는 역원을 가지고 있다. 이는 덧셈의 경우이지만 일반적으로 군의 연산으로는 곱셈기호를 사용하는 경우가 많다. 이와 같이 집합 S의 원소에 어떤 결합법이 정의되어 있고 임의의 두 원소를 결합하면 그 결과 역시 S의 원소가 될 때 S를 군이라고 한다.[7]

당시 수학계에서는 단순군(simple group)의 분류가 집중적으로 연구되고 있었는데, 특히 프랑스의 수학자 슈발레는 주어진 '리 대수(Lie algebra)'를 임의의 체위에서 생각하고 그로부터 단순군들을 얻는 방법을 발견했다. 그런데 1957년 이임학은 슈발레의 방법으로

---

7) 『한국의 과학자 33인』, 신동호, 까치, 1999.

구성한 군들이 조르당-딕슨의 고전군들과 어떻게 연관되는지 밝히고 이들이 예상하는 성질을 지님을 증명했다. 즉 슈발레가 발견한 군의 구조를 명확히 밝힌 셈인데, 그의 연구는 향후 유한 단순군을 발견하는 데 있어 중요한 이론적 토대가 되었다. 나아가 이임학은 1960년에 새로운 종류의 단순군들의 무한한 두 모임을 찾아내 '리 군(Ree group)'이라 명명했다. 그의 아이디어는 명쾌하면서도 대단히 효과적이었기에 이후 단순군 연구에 큰 영향을 미쳤다. 그의 '리 군'에 대한 연구논문은 1984년부터 1994년까지 90여 편이 나올 만큼 그의 연구는 세계 수학사에 중요한 연구 업적으로 남아 있다.

"전 세계 유명 대학에 비하면 브리티시 컬럼비아대학은 작은 학교에 속하지만, 브리티시 컬럼비아대학에는 이임학이 있다."라는 말이 세계 수학계에서 하나의 유행어처럼 되었고 이임학을 만나는 것은 큰 영예로 인식되었다. 그러므로 1970년대 수학 확률론에서 최고 학자였던 미국 스탠포드대학교의 충 카이 라이 교수는 캐나다 밴쿠버에서 있었던 수학회에 참석차 왔다가 이임학 박사를 만나기 위해 모든 일정을 단축했다는 일화도 전해지고 있다.[8)]

이임학은 여러 가지 굴곡진 상황에 의해 한국에서 거의 잊혀졌지만 그의 탁월한 연구 업적은 인정받아 현재 '과학 저술인 명예의 전당'에 헌정되어 있다. 이곳에 헌정된 연구 업적은 다음과 같다.

---

8) 「군론에 이바지한 천재 수학자」, 이성규, Science Times, 2015. 03. 04.

① 해방 시기에 대학의 수학 교육에 매진한 교육자

이임학은 해방 시기에 경성대학과 서울대학교 수학과에서 현대대수학, 고급 정수론, 위상수학 등을 가르쳤다. 이 시기에 미분적분학은 그랜빌 스미스 롱리의 영문판 책을 교재로 많이 사용했는데, 이임학은 이 책의 편역판을 1948년에 처음 출판했다. 이임학은 이후에도 7권의 대학교재를 저술했다.

② 외국 학술지에 처음 수학 논문을 실은 수학자

이임학은 국제적인 수준의 연구가 사실상 전무하던 시기에 국제적으로 공인되는 논문을 처음 발표했다. 그는 1947년 남대문시장의 헌책방에서 그해 발행된 미국 수학회 잡지를 우연히 발견해, 거기 실린 막스 초른(Max Zorn)의 논문을 읽다가 그가 제시한 미해결 문제를 해결했다. 그는 논문을 써서 막스 초른에게 편지를 보냈고, 1949년 한국인으로서는 처음으로 국제적인 학술지에 논문을 싣게 됐다.

③ 리 유형 단순군 분류에의 기여와 새로운 단순군 모임의 발견

이임학은 유한 단순군의 분류에 큰 기여를 하였고, 새로운 단순군 모임을 발견했다. 1955년, 프랑스의 슈발레는 주어진 리 대수(Lie algebra)를 임의의 체위에서 생각하고 그로부터 단순군들을 얻는 방법을 발견했다. 이임학은 1957년에 발표한 논문을 통해, 주어진 리 대수가 고전 리 대수일 때 슈발레 군이 실제로 우리가 잘 아는 고전군임을 증명함으로써, 결과적으로 유한 단순군의 거의 전부를 찾을 수 있었다. 그 과정에서 와 라는 새로운 유형의 단순군들의 무한한 두 모임을 찾아냈으며, 이 군들을 '리 군(Ree groups)'이라고 했다.

이임학으로 평가되는 과학사적 의의는 매우 놀랍다. 그는 1957년 이임학은 슈발레의 방법으로 구성한 군들이 조르당-딕슨의 고전군들과 어떻게 연관되는지 밝히고 이들이 예상하는 성질을 지님을 증명했다. 이것은 곧 '리 유형(Lie type)'의 단순군과 무한한 단순군 모임을 사실상 완전하게 모두 찾아낸 것이라 할 수 있다고 적었다.

그는 브리티시 컬럼비아대학의 학생진료소 의사인 중국계 부인과 결혼하여 아들 3형제를 두었다. 이임학은 1996년 대한수학회 50주년 기념식에 초청을 받아 비로소 한국 땅을 밟을 수 있었다. 그는 이 자리에서 "한국 수학자들이 한쪽 분야에만 치우치지 않고 풀어야 할 문제가 많은 정수론과 같은 분야에 더 많이 도전하기 바란다."라고 조언했다.[9)]

국내 수학계는 이 교수의 업적과 그의 신원을 복권하려는 노력을 꾸준히 지속했고 2015년 6월 미래창조과학부는 광복 70주년을 맞아 '과학기술 대표성과 70선'을 선정하면서 이임학의 리군 이론을 1950년대 대표적인 성과로 인정하여 명예를 회복시켰다.[10)]

---

9) 「국가가 버린 세계적 수학자 이임학, '리군 이론'으로 수학사에 족적」, 박근태, 한국경제, 20160522.
10) https://ko.wikipedia.org/wiki/%EC%9D%B4%EC%9E%84%ED%95%99

제6장

'조-울렌백 이론'을 발견한 세계적인 물리학자

조순탁

(趙淳卓, 1925~1996)

• 생애와 경력

1925년 : 전라남도 순천에서 태어남
1942년 : 경기공립중학교 졸업
1944년 : 일본 제3고등학교 졸업
1947년 : 서울대학교 물리학과 졸업
1949년 : 서울대학교 이학석사
1949 ~ 1964년 : 서울대학교 물리학과 전임강사, 조교수, 부교수, 교수
1958년 : 미국 미시간대학교 이학박사
1964 ~ 1974년 : 서강대학교 교수
1972 ~ 1974년 : 한국물리학회 회장
1972년 : 국민훈장 동백장
1974 ~ 1980년 : 한국과학원 원장
1980 ~ 1983년 : 한국과학원 교수
1981년 : 대한민국학술원 회원
1983 ~ 1990년 : 한양대학교 교수
1990년 : 국민훈장 모란장
1996년 : 국민훈장 무궁화장
1996년 : 세상을 떠남

• 업적

우리나라 최초의 이론물리학자
국제적으로 인정받은 학술 업적인 '조-울렌벡 이론' 발표
우리나라 통계물리학 발전을 선도

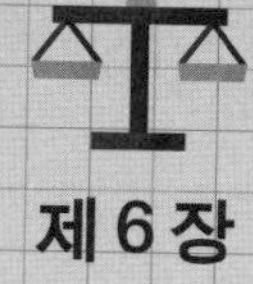

제 6 장

'조-울렌백 이론'을 발견한 세계적인 물리학자 조순탁

| 조순탁

한국인 과학자 중에서 가장 상복이 많은 사람이 누구냐라고 질문한다면 조순탁 박사를 따를 사람이 거의 없다. 그가 받은 상은 그야말로 화려하다. 1960년 녹조근정훈장을 필두로 1965년 대한민국 학술원상(저작상), 1972년 국민훈장 동백장, 1986년 성곡 학술문화상(자연과학부문), 1995년 국민훈장 모란장, 1995년 제5회 자랑스러운 서울대인 선정, 사후에 1996년 국민훈장 무궁화장이 추서되었다.

국민훈장은 대한민국의 정치·경제·사회·교육·학술 분야에 공을 세워 국민의 복지 향상과 국가 발전에 기여한 공적이 뚜렷한 자에게 수여하는 훈장인데 조순탁은 국민훈장만 세 번이나 수상하는 기록을 갖고 있다. 한 국민으로서 녹조근정훈장을 비롯하여 한 번

받기도 어렵다는 훈장을 4번씩이나 받아 가히 주특기가 훈장 받기라고까지 말해지는데 이는 조 박사가 과학 분야에서 탁월한 업적을 세웠다는 것을 의미한다.

조순탁의 생애를 보면 그야말로 화려하다. 국내 1호 이론물리학자로서 '조-울렌벡 이론'이 교과서에 실릴 정도로 권위를 인정받았고, 국내에서 후학 양성에 집중한 것은 물론 물리학회 회장과 한국과학기술원(KAIST) 원장 등을 역임하는 등 국내 과학기술 발전에 기여했다. 한마디로 한국 과학의 여명기에 태어나 불모지인 물리학계에 학자로서 업적을 쌓은 후 교육자·교육행정가로 한국물리학 발전의 기틀을 다져 놓은 보기 드문 과학자라 볼 수 있다.

2016년 한국 정부가 과학기술 진흥에 나선 지 50주년 되는 해를 계기로 정부와 한국경제신문사는 공동으로 국내 대표 과학자의 업적을 재조명하고 과학기술의 중요성을 알리기 위해 '한국인 삶 바꾼 과학자 10인'을 여론 조사했다. 1위는 이휘소 박사, 2위는 이호왕 박사, 3위 우장춘 박사, 5위로 이임학 교수, 그리고 조순탁 박사를 7위로 꼽았다. 한마디로 한국인에게 지워지지 않는 명성을 받고 있다 볼 수 있다.[1] 조 박사의 연구 업적은 '과학기술인 명예의 전당'에 헌정된 내용으로도 알 수 있다.

---

1) 「'통일벼 아버지' 허문회, 백신 학자 이호왕……한국인 삶 바꾼 과학자 10인」, 박근태, 한국경제, 2016. 04. 18.

① 우리나라 최초의 이론물리학자

조순탁은 1958년 미시간대학교에서 물리학 박사 학위를 수여받아 우리나라 최초의 이론물리학자가 됐다. 귀국 후에는 국내 최초 1.5 MeV 싸이클로트론 입자가속기 건조를 주도했으며, 이론과 실험이 조화를 이루어야 한다고 주장했다.

② 국제적으로 인정받은 학술 업적인 '조-울렌벡 이론' 발표

1946년 러시아 학자 보골류보프(Bogoliubov)는 이상 기체의 운동을 기술하는 볼츠만 방정식을 바탕으로 실제 기체의 운동을 기술하는 방정식을 제시하였는데, 이를 삼체 충돌까지 포함하는 고차원 이론으로 발전시켜 볼츠만 방정식을 일반화시킨 학자가 바로 조순탁이다. 조-울렌벡의 해는 대학원 교재에 하나의 장으로 기재되어 있으며, 이른바 '조-울렌벡 이론(Choh-Uhlenbeck Theory)'은 국제적으로 공인되어 통계물리학 발전에 큰 길을 열어 놓았다.

③ 우리나라 통계물리학 발전을 선도

조순탁은 1949년 서울대학교 대학원 졸업 직후부터 1964년까지 서울대학교 전임강사, 조교수, 부교수 및 교수를 역임했으며, 1964년 이후 서강대학교, 한국과학원, 한양대학교 교수로 봉직했다. 또한, 한국물리학회 통계물리 분과를 창설하여 우리나라 통계물리학 발전을 선도했다. 1981년 학술원 회원이 된 후에는 고등학교 물리 교과서와 대학 및 대학원 수준의 통계물리 전문서적을 저술하여 후학 교육에도 힘썼다.

통계물리학 역사를 다시 쓰다

조 박사는 한국 최초의 이론물리학자로 거명되고 있다. 이론물리학(理論物理學)은 물리학적 세계에 대한 수학적 모형을 수립하여 현상을 이해하고, 예측하는 물리학의 한 분야이다. 진정한 의미에서의 자연과학에는 실험을 통한 검증이 반드시 필요하므로 자연과학 분야에서는 이론과 실험을 모두 병행한다.

물리학자는 모두 자연 현상의 기본 법칙을 탐구한다. 그런데 그 탐구하는 방법으로 자연 현상의 규칙성을 찾아내는 실험을 한 다음에 그 규칙성이 왜 성립하는지 이유를 찾아낸다. 이렇게 실험하는 물리학자가 실험물리학자이고 그 규칙성을 찾아내는 물리학자가 이론물리학자이다. 물론 그 순서가 바뀔 수도 있다. 이론물리학자는 이미 있는 이론을 논리적으로 일반화시켜서 새로운 이론을 먼저 제안하기도 한다. 그러면 실험 학자가 그 제안을 확인하기 위해서 실험을 고안하여 실험을 통해 이론물리학자가 제안한 이론을 확인한다.[2)]

그런데 같은 자연과학을 연구함에도 이론생물학자, 실험생물학자로 구분하지 않는데 물리학만은 이론 학자와 실험 학자를 구분한다. 이와 같이 물리학의 경우 이론과 실험이 분리될 수 있는 것은 물리학의 속성상 한 사람이 이론과 실험을 모두 하는 경우가 드물기 때문이다. 이러한 분기점은 대략 20세기 초로 대부분 엔리코 페

---

2) 「이론물리학자」, dcha, naver 지식 in, 2015. 06. 02.

르미(Enrico Fermi, 1901~1954)를 기점으로 보며 대표적인 이론물리학자로는 알베르트 아인슈타인, 스티븐 호킹 등이 있다.[3)]

아인슈타인의 상대성이론은 아인슈타인의 머릿속에서만 탄생하였다고 볼 수 있는데 아인슈타인은 실험을 하지 않았다. 엄밀한 의미에서 아인슈타인의 상대성이론 등을 증명하기 위해 실험하는 것이 간단한 일은 아니다. 물론 현재는 과학기술 및 실험기구들이 고도화되어 아인슈타인의 이론 상당 부분이 실험으로 증명되었지만 아인슈타인의 이론을 증명한 것은 아인슈타인이 아니라 그의 이론이 '참'인지 아닌지에 도전한 실험물리학자들이다. 한마디로 아인슈타인은 아이디어를 제공하고 실험학자들이 이를 증명했는데 바로 그런 시스템에 의해 GPS(위성항법장치), 자동문, 디지털카메라, 휴대전화, 음주측정기 등이 우리 주위에 등장했다. 한마디로 아인슈타인이 실험 없이 제시한 이론이지만 이를 실용 학자들이 실용화에 성공한 것이다.

이론물리학자 조순탁

한국인으로 이론물리학자의 대열에 포함된 사람이 바로 조순탁 박사이다. 조순탁 박사는 1925년 전라남도 승주(현 순천)에서 태어났으며 본관은 순창, 호는 용봉(龍峰)이다. 1944년 일본 교토 제3고등학교를 졸업하고 일본 교토대학(京都大學) 물리학과에 입학하였으

3) https://ko.wikipedia.org/wiki/%EC%9D%B4%EB%A1%A0%EB%AC%BC%EB%A6%AC%ED%95%99

나 이듬해 해방을 맞아 서울대학교 문리과대학 물리학과에 편입하여 1947년 제1회로 졸업하였다. 당시 서울대 물리학과는 정식으로 수업을 가르칠 만한 여건을 갖추지 못해 오히려 그가 학생 신분으로 후배들을 가르쳤다고 한다.

그러므로 물리학과 교수가 절대 부족하자 제1회 졸업생 4명은 모두 학교에 남아 월급 4,000환을 받는 교수 조무원으로 교수 후보가 되었다. 당시 쌀 반 가마도 안 되는 월급이었다. 이후 1949년 동 대학원에서 물리학 석사 학위를 받고 그해 서울대학교 물리학과의 전임강사로 부임하였는데 한국전쟁을 거치면서 1기 졸업생 중 김영록과 이기억은 미국에 유학하여 미국에 남았지만, 조순탁과 윤세원은 학교에 계속 남았다. 조 박사가 물리학을 선택하고 미국에서 박사 학위를 받게 된 과정이 매우 흥미 있다. 조 박사가 직접 이야기한 내용은 다음과 같다.

교토 제3고등학교를 졸업하고 귀국하여 처음에는 수학을 공부하려고 생각했는데 선생님들이 일본의 패망이 곧 닥쳐오니 나라를 이끌어 갈 젊은이들은 과학을 공부하는 것이 좋다며 물리학 분야를 추천했습니다. 그래서 수학에서 물리로 관심을 바꾸었는데 해방이 되어 서울대학교에서 교편을 잡았을 때 마침 정부 유학생 제도가 생겨 우리나라 최초의 정부 장학생으로 1953년 미국에 도착했지요. 그런데 막상 미국에 도착하니 당시 정부의 재정이 열악하여 유학생들에게 8개월 치의 체재비만 지급했고 장학금을 어떻게 받아야 하는지도 몰라 신청도 하지 못했으므로 계속 공부할 수도 없었습니다.

그러나 명색이 정부 유학생으로 선발되어 미국에 도착하였으므로 그대로 돌아갈 수 없다는 생각으로 미시간대학교 물리학과 교수를 직접 찾아가 입학할 수 있느냐 하니 곧바로 승낙해 주었습니다. 당시에는 미국에서도 대학교 입학이 매우 쉬웠던 시절이라 덕을 본 거죠. 그러나 학자금이 부족하므로 공부를 열심히 하여 우수한 성적을 올리자 장학금을 주선해 주었고 1958년 박사 학위도 받을 수 있었습니다.[4)]

30세인 조순탁은 1955년 만학도로 미국 미시간대학으로 유학을 갔고 조지 울렌벡(George E. Uhlenbeck) 교수의 지도 아래 박사 학위를 받고 곧바로 귀국하여 이후 1964년까지 서울대학교 조교수, 부교수를 거쳐 교수로 재직하였다.[5)]

그런데 처음부터 울렌벡 교수로부터 신임을 받은 것은 아니다. 한국이라는 나라 이름도 잘 알려지지 않은 동양의 학생에게 울렌벡은 어려운 주제를 주며 해결해 보라고 주문했다. 조 박사가 처음 6개월 가까이 별다른 성과를 내지 못하자 울렌벡 교수가 연구 주제를 바꿔 보라고 했다. 한동안 새로운 주제로 연구하던 조 박사는 어느 날 갑자기 울렌벡 교수가 처음에 말한 주제의 아이디어를 찾아내 순식간에 문제를 풀어냈다. 이를 구체화한 것이 그의 박사 학위 논문인 「고밀도 기체의 운동론(The Kinetic Theory of Phenomena in Dense Gas)」, 즉 훗날 그를 세계적 물리학자 반열에 올린 이른바 '조-울렌벡 이론(Choh-Uhlenbeck Theory)'이다.

---

4) 「과학과 과학화 시대」, 이태규 · 조순탁, 세대 제14권 통권155호, 1976.
5) http://blog.naver.com/herawook/10137905899

이 이론은 기체의 운동을 기술한 러시아 물리학자 보골류보프의 이론을 한 단계 더 발전시켜 밀도가 작지 않은 계에도 적용될 수 있도록 볼츠만 방정식을 일반화시킨 최초의 방정식이다. 통계역학 분야에서 난제로 꼽히던 문제를 한국에서 온 33세의 유학생이 풀어낸 것이다.

조-울렌벡 이론은 미시간대학 박사 학위 논문으로 따로 발표된 바가 없으나 기체 운동론을 다루는 중요한 통계역학 교과서에 자주 인용된다. 그중에서도 통계역학 기체 운동론에 끼친 영향은 매우 커 비평형 통계역학 연구의 교과서적인 모형으로 알려진다.

행정가로의 조순탁

조 박사는 1958년 박사 학위를 받고 곧바로 귀국하여 1964년까지 서울대학교 교수로 재직한 후 새로 개교한 서강대학교로 옮겨 10년간 이공대학장 등을 역임하면서 후학 양성과 교육행정에 주력했다. 1967년에는 미국 록펠러대학교에서 객원교수로 활동했다.

| 조순탁 박사(자료 : KAIST)

이후 조순탁 박사는 1974년 한국과학기술원(KAIST) 원장으로 취임해 박정희 전 대통령의 전폭적인 지원하에 KAIST가 도약하는 데 결정적인 기여를 했다. KAIST가 안정기에 접어들게 된 데에는

조순탁 원장의 역할이 컸는데, 이 같은 공로로 그는 연임에 성공해 KAIST 역사상 가장 오랜 기간인 6년간 원장직을 맡았다. 이후 한국 표준연구소 부이사장, 통신기술연구소 부이사장 등을 역임하며 한국 과학 및 물리학 발전에 지대한 공헌을 했다. 1983년 한양대학교 물리학과 교수로 취임 후 1990년 정년퇴직할 때까지 교편을 잡았다. 그러므로 조 박사는 한국 첫 이론물리학자인 전문 연구원이자 교육자로서 기초 과학의 토대가 없던 시절 한국 물리학의 씨앗을 뿌린 학자로 평가받는다.

조 박사가 한국 과학기술계에 큰 업적을 세운 것은 KAIST(당시는 KAIS라 했음)가 명실상부한 세계적인 학교가 될 수 있는 토대를 쌓았기 때문이다. 당대에 한국에서는 외부에서 많은 전문가를 수혈받아야 하는데 그것이 간단한 일이 아니다. 한국을 발전시키기 위해 필요한 인재라고 설득해도 현실적으로 당사자가 한국에서 자신의 능력을 최대한으로 발휘할 수 있는 여건이 되어야 한다. 여기에는 경제적인 지원은 물론 타이틀도 중요하다. 조 박사는 이점을 잘 알고 있었다. 그러므로 당대에 KAIST로 전문가들을 유치할 때 파격적인 대우를 제시했다. 젊은 학자임에도 불구하고 신분을 정교수로 보임하기도 했다.

지금 그렇게 하려면 많은 무리수가 따르지만 그때는 가능한 것이 사실이다. 많은 전문가가 파격적으로 정교수 신분을 받고 귀국했다. 또한, KAIST 교수들은 전반적으로 특급 대우를 받았다. 같은 급의 교수라고 해도 서울대 교수보다 월급을 세 배나 많이 줬다고 정희영 교수는 술회했다. 물론 이런 파격적인 대우는 조 박사보다는 박정희 대통령의 특별 명령이 있었기 때문이다. 한국의 '공학사관학교'로 키우기 위해 이 학교에 온갖 특혜를 주었는데 정교수는 부교수나 조교수에 비해 연구 정착금의 규모도 컸다. 정교수는 10만 달러, 그 이하는 5만 달러를 학교에서 지원했는데 당시 10만 달러의 지금 가치는 50억 원가량으로 추정된다.[6)]

당시 KAIST는 대학원생만 있었는데 학생들은 이곳을 졸업하면 전원 군 복무가 면제됐다. 물론 국립연구소에서 병역 의무기간을 근무하는 조건이었다. 여기에 에피소드가 있다. 필자는 당시 KIST(한국과학기술연구원)에서 근무하고 있었는데 민방위 훈련 때 군 복무한 연구원들이 연구소의 외곽 경비를 서야 했다. 그런데 KIST에 근무하는 연구원 중 외곽 경비를 설 자원이 절대 부족했다. 수많은 연구원은 거의 모두 단기 훈련만 받고 군 복무를 면제받았는데 계급은 이병으로 이병은 경비를 설 자격이 없었다. 그러므로 당시 외곽 경비를 선 사람들은 거의 모두 실장급이나 외부에서 박사 학위를 받은 사람들이었다.

학계에서 아쉬워하는 것은 조 박사가 이론물리학자로 시작했고 이 부분에서 세계적인 업적을 쌓았지만 한국으로 돌아와 더 이상 이론물리학자로만 머물 수 없었다는 점이다. 사실 1958년 학위를 받고 귀국하려 하자 울렌벡 교수가 10년 정도 대학교에 남아서 공부하는 것이 어떠냐고 제안했다. 그러나 조순탁은 아버지 환갑이

---

6) http://cafe.daum.net/sunrin60/Clc4/512?q=%C1%B6%BC%F8%C5%B9

라 귀국하지 않을 수 없다고 말했다. 아버지의 환갑잔치를 치른 후 돌아가서 연구를 할 수도 있지 않느냐는 말도 할 수 있지만 당시 한국의 여건상 아버지의 환갑을 치른 후 미국으로 되돌아가 연구를 한다는 생각조차 하지 못했다는 것이다.

조 박사가 지도교수의 만류를 뿌리치고 귀국하여 사실상 자신의 연구를 더 이상 진행시키지 못했음을 아쉬워하면서 지도교수의 말이 맞았다고 술회했다. 실험은 물론 이론 분야의 연구도 어느 정도 여건이 갖추어져 있어야 하는 것은 사실이다. 그렇지 않을 경우 혼자 아무리 노력해도 공부하기가 어려운데 미국에서 연구하던 분야를 한국에서 계속하지 못한 것은 당시 한국 여건이 그런 환경을 만들어주지 못했다는 것이다. 물론 한국에서 이론물리학 분야에 대해 보다 깊숙한 연구를 계속하지 못했지만 귀국 후 한국의 과학 발전에 기여할 수 있었던 것은 큰 보람이라고 말했다.[7)]

미국에서 귀국한 후 조 박사는 그야말로 바쁘게 생활했다. 1970년대 초 서강대에 재직하던 시절에 매주 수요일 연구실에 동료 학자들과 함께 논문 하나씩을 돌려 읽는 모임을 결성했다. 이구철 서울대 물리학과 명예교수는 "수요 세미나는 추후 '대우 통계물리 월례 강연회'로 발전했는데 조 박사는 은퇴한 뒤에도 참석했다."라고 회상했다. 이를 바탕으로 1973년에는 한국물리학회에 열 및 통계물리 분과를 설치하고 한국의 통계물리학 발전을 주도하였다.

통계물리학은 많은 입자를 통계적인 방법으로 연구하는 물리학

7) 「과학과 과학화시대」, 이태규 · 조순탁, 세대 제14권 통권155호, 1976.

의 한 분야이다. 그런데 통계물리학이 현대 문명에서 중요하게 대우받는 것은 통계물리학 논리를 이용하면 다양한 사회 현상이나 경제 현상을 풀어가는 데 유용하기 때문이다. 그러므로 통계물리학은 물리학이라는 순수 학문 분야이지만 실용적인 분야에도 도움을 줄 수 있으므로 대표적인 융합 학문으로 인식한다. 입자가 많으면 적용되는 것이 바로 통계물리학인데 이를 원용하면 입자가 아닌 사람들도 많이 모여 있을 때 통계물리학적인 방법을 활용할 수 있다. 통계물리학으로 보면 사회를 보다 더 이해하는데 도움이 많이 될 수 있다는 뜻이다.[8)]

조 박사는 독학으로 컴퓨터 프로그래밍을 공부한 것으로 유명한데 그것은 연구의 기본이 되는 물리적인 아이디어를 얻기 위한 것으로 당시 한국에서 최고령 프로그래머였을 것이라는 평도 있었다.[9)] 또한, 그는 이론물리학자이면서도 실험 물리의 중요성을 항상 강조하며 학문이 진정으로 뿌리를 내리려면 이론과 실험이 조화를 이루어야 한다고 주장했다. 그러므로 또한 국내 최초의 1.5MeV 싸이클로트론 입자가속기 건조를 주도하였다.[10)]

조 박사는 한국 과학의 여명기에 태어나 불모지인 물리학계에 학자로 교육자로 또한 교육행정가로 한국물리학 발전의 기틀을 다져놓았다고 평가된다. 또한, 1981년에 대한민국 학술원 정회원, 1995

---

8) 「조순탁」, 한국민족문화대백과, 한국학중앙연구원.
9) 「조순탁, 33세 때 쓴 박사 학위 논문 통계물리학 역사를 다시 쓰다」, 유하늘, 한국경제, 2016. 06. 07.
10) 「한국이 낳고 세계에서 활약한 뛰어난 과학자들」, Science and Academy Today, 한국과학기술한림원, 2015. 10. 22.

년에는 한국과학기술한림원 원로회원에 추대되었으며, 1995년에는 자랑스러운 서울대인으로 선정되기도 하였다.

저서로는 『일반물리학』, 『양자역학』, 『고체물리학』, 『수리물리학』, 『통계역학』 등이 있다.[11] 2006년 용봉상이 제정되었는데 한국물리학회를 창립한 용봉 조순탁 박사의 업적을 기리고 젊은 과학자들을 독려하고자 통계물리학 발전에 공헌한 만 40세 미만 통계물리학자에게 수여한다.

전남 민속자료 조순탁 가옥

조순탁 박사는 문화재 분야에서도 잘 알려져 있다. 조순탁 가옥(昇州趙淳卓家屋)이 전라남도 민속자료 제30호로 지정되어 있기 때문이다. 옥천 조씨 상호정파의 종갓집으로 조선 철종 6년(1855)에 조병익이 세운 건물인데 대지 면적이 2,651㎡(803평) 정도로 매우 넓은 반가(班家)이다. 사랑채, 안채, 행랑채, 별채로 구성되어 있는데 양반집을 상징하는 솟을대문이 있는 행랑채를 지나면 행랑 마당이

11) 「[줌 인 피플] 물리학의 눈으로 본 세상을 말하다, 성균관대 김범준 교수」, YTN, 20151028

| 조순탁 박사 가옥(자료 : 한민족정보마을)

있고 이 행랑 마당과 나란히 사랑채가 기와 담장으로 구획되어 위치한다. 이 사랑채와 행랑 마당의 뒤쪽으로 중문을 지나면 넓은 안마당이 있는 안채에 이른다.

안채는 정면 6칸, 측면 1칸 규모에 전·후·좌퇴를 가진 '一자' 형의 건물로 지붕은 옆면에서 볼 때 지붕선이 여덟 팔(八)자 모양과 비슷한 팔작지붕을 얹었다. 가운데 4칸은 전퇴에 우물마루를 설치하였고 좌·우측 칸의 전퇴 부분은 방으로 포함시켰다. 맨 우측 칸과 우측에서 세 번째 칸은 빗살무늬 창호를 가진 4분합 들어 열개문을 달았고, 나머지 칸에는 띠살 모양의 2짝 여닫이문을 달았다. 실의 구성은 왼쪽부터 정재와 정재방, 큰방, 웃방, 대청, 갓방, 공루의 순서이다.

사랑채는 '용전정사(龍田精舍)'란 당호가 붙어 있는 정면 4칸, 측면 2칸 규모에 전퇴를 가진 겹처마 팔작지붕 건물이다. 양통의 형태를 하고 있어서 좌측 2칸은 앞뒤로 방을 두어 4칸의 방을 만들었고, 우측 2칸의 앞쪽에는 사랑 대청을 두고 뒤쪽 2칸에는 각각 방을 두었다. 대문간인 행랑채는 솟을대문을 만든 정면 5칸, 측면 1칸에 후퇴를 둔 건물이다. 가운데 칸은 출입문으로 사용하고 있으며 나머지 2칸은 청지기의 기거용 방으로, 또한 나머지 2칸은 마굿간으로 사용되었다고 한다.[12] 경기 지방 양반집의 영향을 받은 이 지역 전통 양반집과 달리 안마당이 넓고 개방적인 집으로 조선 후기 양반집의 생활을 엿볼 수 있는 좋은 자료가 되고 있다.

---

12) 「승주조순탁가옥(昇州趙淳卓家屋)」, 한국민족문화대백과, 한국학중앙연구원.

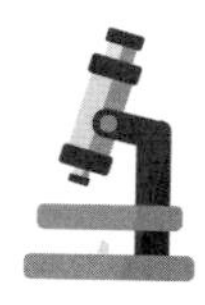

제7장

세계 최초로 유행성출혈열 발견한 미생물학자

이호왕

(李鎬汪, 1928~)

• 생애와 경력

1928년 : 함경남도 신흥군에서 태어남

1954년 : 서울대학교 의과대학 졸업

1957년 : 미국 미네소타대학 이학석사

1961 ~ 1973년 : 서울대학교 의과대학 교수

1971 ~ 1975년 : 대한바이러스학회 초대회장

1973 ~ 1994년 : 고려대학교 의과대학 교수

1979년 : 미국 미네소타대학 의학박사 (미생물학)

1982 ~ 2004년 : 세계보건기구 신증후출혈열 연구협력센터 소장

1989 ~ 현재 : 국제 신증후출혈열 및 한탄바이러스학회 초대회장 및 명예회장

1994년 : 국민훈장 목련장

1994 ~ 2000년 : 서울아산병원 아산생명과학연구소 소장

1995년 : 태국 프린스마히돈 국제의학상

1998 ~ 2000년 : 대한백신학회 초대회장 및 명예회장

2000 ~ 2004년 : 대한민국 학술원 회장

2001년 : 일본 닛케이 아시아상

2002년 : 과학기술훈장 창조장

• 업적

'한탄바이러스'와 '서울바이러스' 발견

유행성출혈열 예방백신과 진단법 개발

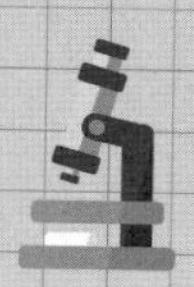

제 7 장

세계 최초로 유행성출혈열 발견한 미생물학자 이호왕

사람의 몸이 병원체에 감염되면 보통 열이 난다. 면역 반응에 따른 자연스러운 현상으로 다른 큰 문제가 없으면 며칠 후면 체온은 정상으로 돌아온다. 정도가 심하더라도 해열제를 복용하거나 병원체가 제거되면 금세 열이 사라진다. 그러나 일부 바이러스는 고열을 일으킬 뿐 아니라 침투한 장기에 출혈을 일으키는 때도 있다. 이를 출혈을 수반하는 열이라고 하여 출혈열이라 부르며, 많은 종류의 바이러스들이 출혈열을 일으킨다.

피부에 상처가 나면 밴드를 붙이거나 붕대를 감는 등 지혈과 처치가 간단한 편이다. 그러나 몸 내부에서 피가 흐르면 응급조치를 환부에 직접 취하기가 어려우므로 피가 저절로 멎기만을 기다려야 한다. 무엇보다 출혈의 원인이 체내 세포 간 결합조직의 파괴에 따른 출혈인 경우가 많아 장기 파손이 심각하며 치사율도 높다.

출혈열의 초기 증세는 독감과 비슷하며 전신 쇠약과 식욕부진으로 시작하여 고열(40℃)과 심한 두통 및 복통 등이 있고 3~4일 후에는 눈·코·구강·얼굴 및 가슴 등에 출혈 반점이 생긴다. 또 복통과 심한 요통이 있으며 간혹 위장 출혈로 인해 맹장염으로 오진되는 수도 있다. 일주일 후에는 신장염을 동반하여 심한 단백뇨와 감뇨기가 오며 혼수상태에 빠지는 경우도 있으며 이뇨기를 거쳐 회복까지 약 1~2개월이 걸린다. 신장(콩팥)에 감염되어 염증과 함께 급성 출혈을 일으키기에 신증후성 출혈열, 한국전쟁 중 본격적으로 주목받았기 때문에 한국형 출혈열이라고도 한다.

노벨상 수상자도 찾지 못한 숙제

역사적으로 이 질병이 언제부터 등장했는지는 확실치 않으며, 1913년 러시아의 블라디보스토크에서 유행성출혈열로 추정되는 환자가 발생한 기록이 있다. 1930년대에는 러시아 아무르 강 지역에서 오늘날 유행성출혈열로 판단되는 출혈성 신우신장염 환자가 발생했고, 1940년대에 만주에서 일본군과 극동 지방의 소련군에서 이 질병이 유행하기도 했다. 당시 치사율은 20~30% 정도로 매우 높았다. 훗날 사료에서 확인한 바로는 1860년대에 벌어진 미국의 남북전쟁 때도 이와 유사한 질병이 발생하였으며 두 차례의 세계대전 중 유럽에서는 영국군과 독일군 주둔지나 포로수용소에서 출혈과 열을 동반하는 질병이 유행했다고 한다.[1]

1) 「한탄바이러스」, 예병일, 네이버캐스트, 2011. 12. 29.

한국에서 유행성출혈열 환자가 보고된 것은 한국전쟁 중인 1951년이며 그 후 매년 수백 명의 환자가 주로 휴전선 근처에서 발생하였고, 최근에는 약 2,000명 이상의 환자가 전국에서 발생하고 있어 '제3군 법정 전염병'으로 지정되어 있다.

유행성출혈열이 본격적인 주목을 받은 계기는 한국전쟁이 한창이던 1951년, 전쟁 중에 수천 명의 환자가 발생하여 한국과 미국의 군 수뇌부를 바짝 긴장시킨 사건이었다. 전선의 유엔군 중 3,200여 명의 군인이 유행성출혈열로 목숨을 잃을 정도로 그 피해가 심각했다. 당시 이국에서 온 장병들이 속절없이 사망하자 유엔군은 전격적으로 한국에서 철수를 고려할 정도였다.

그런데 매우 중요한 첩보가 들어 왔다. 당시 중공군의 병영 내에 괴질이 돌아 한강 이남을 넘어오지 못했는데 그 괴질이 유행성출혈열로 추정된다는 것이다. 한국전쟁에 괴질이 발생하여 피해가 기하급수적으로 늘어나자 유엔군은 상대방이 만든 생물학 무기라고 생각했는데 중공군과 소련군에도 질병이 발생했다는 것을 알고 적어도 생물학 무기는 아니라는 결론으로 결국 유엔군의 한반도 철수는 취소되었다.

전쟁 중 유엔군 사령부는 이 괴질의 원인을 밝히기 위해 서울 뚝섬에 유행성출혈열 연구센터를 세웠다. 미 육군성은 1952년부터 1965년까지 이 센터에 과학자 200여 명을 투입하고 4,000만 달러라는 엄청난 연구비를 쏟아부었다. 이 가운데는 1976년 블럼버그(Baruch S. Boumberg)와 함께 노벨상을 받은 가이두섹(D. Carleton

Gajdusek), 소아마비 바이러스를 발견해서 노벨상을 받은 앤더스(John Eners)도 포함되어 있다. 이 센터는 연구용 침팬지와 원숭이를 미국에서 공수해 오고 거꾸로 환자의 가검물을 채취해서 미국으로 보내는 등 상당한 노력을 기울였으나 연구에 진전이 없자 1965년 철수했다.

유엔군에서 총력적으로 질병의 원인을 규명하려 했지만 실패한 것은 출혈열이 치명적인 질병인 데다 질병의 경과가 급속도로 진행되어 연구에 많은 지장을 초래했기 때문이다. 현재 국제학회에서는 신증후군 출혈열이라 부르지만 유행성출혈열이라는 이름으로 알려져 있었으며, 한국전쟁 직후에는 한국과 미국 학자들이 한국형 출혈열이라고 부른 때도 있었다.

현재도 출열혈의 발생은 적지 않은데 남북한을 비롯하여 중국(40만 명), 러시아(1~2만 명), 동남아 및 유럽에서 수십 년 전부터 발생하였으며, 세계적으로 매년 약 50만 명의 환자가 발생하고 있다. 특히 1993년 여름에는 미국에서도 처음으로 출혈열 환자가 남서부 지역에서 집단 발생하여 큰 소동이 벌어졌는데 당시 사망률이 70%나 되어 공포의 대상이 되었기 때문이다. 캐나다에서도 환자가 발생하여 사망하기도 했는데 이들 치사율은 예외적이며 적절하게 치료하면 치사율은 현격히 떨어져 약 4~7%로 내려간다. 바로 '한국의 파스퇴르'란 별명을 얻고 있는 이호왕 박사의 노력 때문이다.

한국전쟁의 행방을 바꿀 뻔한 질병

오늘날 우리는 바이러스와의 끊임없는 전쟁 속에 살아가고 있다. 미국이 4,000만 달러란 엄청난 예산을 투입해도 질병의 원인을 찾아내지 못한 것은 유행성출혈열의 근본 원인이 바로 바이러스이기 때문이다.

파스퇴르와 코흐의 병원균으로서의 미생물 발견 이후 여러 가지 전염병의 병원체가 속속 밝혀져 전염병의 수수께끼가 모두 풀리는 듯했지만 세균이 그 병원균이라고 믿기에는 의심스러운 전염병이 몇 가지 있었다. 그 대표적인 예가 홍역, 천연두, 소아마비, 인플루엔자 등이며 광견병도 그중 하나이다. 파스퇴르는 광견병을 일으키는 독소를 미친개로부터 분리하여 토끼 혈청으로 독성을 낮추어서 효과적인 백신으로 개발하였지만 실제로 광견병의 병원체를 확인하지는 못하였다. 이와 같은 질병이 발생한 환자의 혈액이나 생체 조직은 현미경으로 검사하고, 또 인공 배지(培地)에 환자의 조직을 배양해도 세균과 비슷한 병원체를 찾을 수 없었기 때문에 미생물학자들에게 이들 질병은 여전히 수수께끼였다. 그러나 1892년 러시아의 이바노프스키가 이들 질병을 일으키는 병원체를 최초로 확인하였다.

이바노프스키는 많은 시도에도 불구하고 담배모자이크병의 세균은 확인하지 못하였다. 그는 모든 세균이 걸러질 만큼 구멍이 미세한 세균 여과기를 이용하여 병에 걸린 담뱃잎의 즙을 통과시켰지만 병원체를 걸러낼 수 없었고, 여과기를 통과한 즙이 다른 담뱃잎에 모자이크병을 유발한다는 것을 발견하여, 이 여과기를 통과한 병원체는 일반적인 세균보다도 크기가 훨씬 작은 병원체라고 추정하였다. 이어서 1898년 독일의 뢰플러와 프로슈는 고열이 발생하고 입안의 점막 및 발톱 사이의 피부에 물집이 생겨 짓무르는 소의 질병인 구제역의 병원체 역시 세균 여과기를 통과한다는 것을 발견하였다. 같은 해 네덜란드의 바이어 링크는 이와 같이 세균 여과기를 통과하는 작은 병원체를 라틴어로 독액이라는 의미인 '바이러스'라고 명명하였는데[2] 유행성출혈열의 장본인이 바로 바이러스이므로 이를 추적하는 것이 간단한 일은 아니다. 그런데 한국의 이호왕 박사가 끈기와 아이디어로 이를 추적하는 데 성공한 것이다.

| 이호왕 박사

이호왕은 어릴 때 소설가를 꿈꾸었지만 어머니의 권유로 의학을 공부하여 1954년 서울대학교 의대를 졸업했다. 한국전쟁이 끝나자마자 대학원에서 미생물학을 전공한 그는 의대 조교 시절인 1955년 서울대 교수들이 대거 미국의 미네소타대학으로 유학을 떠날 때

2) 『생물학무기』, 배우철, ㈜살림출판사, 2003.

포함되어 유학길에 올랐다.

하지만 비행기에 오르자마자 어려움이 시작됐다. 스튜어디스의 말을 알아듣지 못해 식사 주문조차 제대로 할 수 없었던 것이다. 대한민국 최고 인재에 대한 예우로 1등석을 제공받아 최고급 와인을 마실 수 있었지만 그들이 비행 내내 먹은 것은 '버터를 바른 느끼한 빵'이 전부였다고 술회했을 정도다. 교수의 말을 제대로 이해할 수 없으므로 당연히 수업을 따라가는 것도 쉽지 않았다. 칠판에 필기된 내용은 이해할 수 있었지만 강의 내용을 직접 알아듣기가 힘들었던 것이다.

그런데 놀라운 일이 일어났다. 이호왕 박사가 의학 미생물학 시험에서 최고의 점수를 기록한 것이다. 이호왕의 답안지를 본 지도교수는 '당초 예정됐던 연수 기간을 늘려 박사 학위까지 받는 것이 어떻겠느냐'고 제안했다.[3] 지도교수의 제안에 의해 이호왕은 당시 한국에서 많은 사람의 목숨을 앗아간 일본뇌염 바이러스의 조직배양을 세계 최초로 성공하면서 박사 학위를 딴다.

장래가 유망한 바이러스 학자가 되어 국내로 들어왔지만 당시 한국에서는 바이러스를 연구할만한 여건이 갖추어져 있지 않았다. 그런데 놀랍게도 그는 미국 국립보건원의 문을 두드려 외국인에게는 하늘의 별 따기와 같았던 연구비 20만 달러를 1963년부터 1968년까지 받았다. 한국인이 미국으로부터 연구비를 받았다는 사실이

3) 「'TV 회고록 울림' 이호왕 박사, 노벨상 수상자도 못한 한탄바이러스 발견…… 영어 못해도 최고 점수」, 오현주, 시사1번지폴리뉴스, 2015. 09. 19.

당시에는 상상도 할 수 없을 때이므로 그는 극장에서 영화 방영 전에 상영하는 '대한 뉴스'의 주인공이 되기도 했다.

그러나 일본뇌염백신이 개발되자 그의 연구는 고비를 맞는다. 1968년 뇌염 환자가 1,000명이 넘었는데 1969년에는 76명으로 급격히 줄었다. 할 일이 사라진 것이다. 이호왕 박사는 이런 위기를 기회로 삼았다. 당시에도 국내에서 유행성출혈열 환자가 매년 수백 명씩 발생하고 있었지만 미국의 연구팀이 철수한 후라 연구가 전무한 상태였다. 그는 곧바로 미 육군성 연구 개발부에 유행성출혈열 병원체 규명을 위한 연구비를 신청했다. 미국이 총력 투입했음에도 병원체 규명에 실패했지만 한국 현지 과학자가 병원체를 규명해 보겠다는 말에 미 육군성은 1969년부터 1975년까지 매년 2~3만 달러의 연구비를 지원했다.

1969년 출혈열 연구에 착수했을 때 그가 물려받은 것은 병원체의 숙주가 들쥐일지 모른다는 막연한 자료뿐이었다. 그 뒤 6년 동안 그의 연구팀은 수천 마리의 들쥐를 잡아 조사했지만 아무런 단서도 찾지 못했다. 들쥐의 장기에서 병원체를 분리해 내기 위한 조직 배양도 실패를 거듭했다. 이것은 소위 병원체가 바이러스이기 때문인데 바이러스는 대부분의 경우 어떤 특정 동물에만 질병을 일으키는데 이를 '숙주특이성'이라고 한다. 유행성출혈열에 걸리게 되면 쥐는 물론 침팬지나 원숭이는 끄떡없지만 사람은 병을 앓는 것도 바로 이 때문이다. 일례로 간염바이러스의 경우 사람의 간에서만 병을 일으키지만 토끼나 돼지에게는 일으키지 않는다.

이 박사의 끈기는 알아주어야 한다. 그는 몇 년간 집중적으로 병원체 찾는데 도전했음에도 실패했지만 좌절하지 않고 계속 연구에 몰두했다. 이러한 집념은 결국 그에게 기회를 주었다. 한마디로 우연한 기회에 행운이 찾아온 것이다. 1974년 6월, 한국에서 유행성출혈열을 연구했던 젤리슨 박사가 은퇴하면서 소책자를 보내왔다. 그는 유행성출혈열의 병원체가 쥐의 폐에 기생하고 있는 곰팡이가 분비하는 독소 때문에 생기는 것 같다고 적었다. 당시 이호왕 박사는 수많은 들쥐의 콩팥, 심장 등을 검사했지만 폐는 모두 버렸었다.

즉시 환자 발생 지역에서 채집한 들쥐의 폐 조직을 정밀 분석하여 환자의 회복기 혈청과 특이하게 반응하는 항원을 들쥐의 폐장조직에서 처음으로 발견했다. 이 발견은 그야말로 기적과 같은 일로 1975년은 미국으로부터 연구비 지원의 마지막 해였다.

이 박사는 1976년 4월 대한미생물학회에 동 사실을 처음으로 발표했는데 공교롭게도 이 박사의 연구원들이 감염되어 쓰러지기 시작했다. 이것이 문제가 되어 고려대 의대에서는 직원들이 다른 곳으로 나가 달라고 시위까지 했으며, 북한은 미군이 연구비를 지원한 것을 두고 '미제의 사주로 세균탄을 개발했다'고 비난을 퍼부었다. 이런 외압에 굴복할 이 박사가 아니었다. 항원 발견 4년 후인 1980년 이 박사는 이 항원이 새로운 바이러스임을 증명하고 발견된 지역의 강 이름을 따서 '한탄바이러스'라는 이름을 붙였다.[4)]

또한, 혈액을 이용한 진단법을 확립하여 유행성출혈열의 조기 진

---

4) 『한국의 과학자 33인』, 신동호, 까치, 1999.

단에 이바지했다. 이 진단법으로 소련의 출혈성 신우신장염, 중국의 유행성출혈열, 일본의 유행성출혈열, 유럽의 유행성 신염 등이 모두 한탄바이러스나 이와 유사한 항원을 가진 바이러스에 의한 것임을 증명했다.

서울바이러스를 발견하게 된 것도 그의 끈기와 아이디어 때문이다. 이 박사가 유행성출혈열의 매개체로 들쥐를 지목하여 한탄바이러스를 발견했지만 약간의 의문점이 있었다. 유행성출혈열이 농촌뿐 아니라 도시에서도 발병하기 때문이다. 그는 1980년, 출혈열 환자가 발생한 서울시내 아파트 지하실에서 잡은 집쥐로부터 한탄바이러스와 유사한 바이러스를 발견했다. 이 박사는 이 병원체를 서울바이러스라 명명했다. 서울바이러스는 한탄바이러스보다는 다소 위험하지 않는데 그의 조사 결과에 의하면 우리나라 집쥐의 5~6%가 서울바이러스를 갖고 있으며 등줄쥐의 15%는 한탄바이러스를 지니고 있다. 한마디로 들쥐뿐만 아니라 집쥐도 질병의 매개체임을 밝힌 것이다. 유럽에서 출혈열을 일으키는 푸우말라바이러스도 동두천에서 발견한 한탄바이러스 등과 함께 한탄바이러스 속으로 분류된다.[5][6]

이 박사는 바이러스를 발견한 것으로 만족하지 않았다. 1982년부터 예방 백신 개발에 착수하여 1993년 녹십자와 공동으로 '한타박스'라는 예방 백신을 상품화하는 데 성공했고, 1993년에는 녹십

---

5) 「한탄바이러스」, 예병일, 네이버캐스트, 2011. 12. 29.
6) 「민간인통제구역」, 한국민족문화대백과, 한국학중앙연구원.

자와 함께 한탄바이러스를 진단하는 '한타디아'라는 시약을 출시했다.

이 박사의 백신이 얼마나 큰 영향을 미쳤는가는 그가 백신을 개발한 이후 발병한 환자의 숫자로도 알 수 있다. 전 세계적으로 가장 유행성출혈열의 피해가 큰 중국에서는 매년 약 40만 명의 환자가 발생하여 2만 5,000여 명이 사망한다. 중국에서는 이 질병이 간염 다음으로 위험한 질병인데 이 박사의 백신 덕분에 현저하게 사망자 숫자가 줄어들었다. 우리나라 군대에서도 매년 500여 명씩 발생했는데 이호왕 박사의 백신 덕분에 최근에는 몇십 명 단위로 줄었다는 설명이다. 유고슬라비아 내전 당시 한국에서 백신을 무상으로 보내주어 한 마을에서 매년 70~80여 명이 발생하던 환자가 1996년에는 단 한 명도 발생하지 않았다고 한다.[7)]

이호왕 박사의 한탄바이러스 발견과 그 진단법 개발은 한국의 풍토병을 연구하는 데서 출발했지만, 세계 각지에서 치명적인 환자를 발생시키는 출혈열의 연구에 결정적인 도움을 주었다. 이러한 업적이 세계 학계의 주목을 받지 않을 수 없다.

남태평양 파푸아뉴기니 섬의 포레족에서 유행하는 쿠루라는 질병의 원인이 되는 슬로바이러스를 발견하여 1976년 노벨 생리·의학상을 수상한 가이듀섹(Daniel Gajdusek, 1923~)은 한국에서 유행성출혈열을 연구했는데, 이호왕 박사가 유행성출혈열의 원인균을 분리하고 진단법을 개발하여 세계 여러 곳에서 발생하는 출혈과 열을

7) 『한국의 과학자 33인』, 신동호, 까치, 1999.

동반한 전염병을 연구하는데 크게 이바지한 업적을 높이 평가하여 이호왕 박사를 노벨 생리·의학상 후보로 추천하기도 했다.[8)]

그 후 이 박사는 여러 번 노벨상 후보로 추천되었으나 아직 수여받지 못하고 있다. 하지만 현재 생존하고 있으므로 아직도 노벨상 수상 가능성이 가장 높은 한국의 과학자로 뽑힌다.

등줄쥐의 선조는 한국

한국의 경우 1년 내내 전국에서 환자가 발생되지만 농촌에서는 봄과 가을 농번기와 건조한 계절에 많이 유행한다. 이 병의 보균 동물은 전국에 있는 등줄쥐와 집쥐이다. 이런 쥐의 소변과 타액 중에는 다량의 바이러스가 함유되어 있는데 배설물에 오염된 먼지가 사람의 호흡기를 통해 들어오면 전염된다.[9)]

이들 RNA 바이러스는 다양한 전파 경로를 가지며, 인체에는 호흡기계를 통해 감염될 수 있다. 감염된 환자들이 모두 바이러스성 출혈열에 걸리지는 않으며, 숙주의 상태와 바이러스의 차이에 따라 임상적으로 서로 다른 출혈성 질환이 나타난다.

바이러스성 출혈열은 여러 종류의 RNA 바이러스에 의해 발생

---

8)「한탄바이러스」, 예병일, 네이버캐스트, 2011. 12. 29.
9)「유행성출혈열」, 네이버지식백과, 두산백과.

하는 다양한 질병이다. 이들 RNA 바이러스는 다양한 전파 경로를 가지며, 인체에는 호흡기계를 통해 감염될 수 있다. 감염된 환자들이 모두 바이러스성 출혈열에 걸리지는 않으며, 숙주의 상태와 바이러스의 차이에 따라 임상적으로 서로 다른 출혈성 질환이 나타난다.[10)]

한상훈 박사는 한반도에 가장 많이 사는 들쥐인 등줄쥐가 유라시아 대륙 전체에 퍼져 사는 모든 등줄쥐의 궁극적인 선조라는 분석 결과를 내놓아 유행성출혈열이 세계 각지에서 발병되는 원인을 규명하기도 했다. 한 박사는 한반도 전역, 중국, 러시아, 대만, 독일 등 유라시아 대륙 23곳에 분포하는 등쥐쥐속 동물의 미토콘드리아 염기서열을 분석하여 한반도 등줄쥐 집단 내부의 유전적 다양성 즉 분화도가 다른 나라의 등줄쥐 집단보다 매우 높다는 것을 발견했다. 이는 한국의 등줄쥐 집단이 유라시아 대륙에 있는 등줄쥐의 진화론적인 선조임을 알려준다.[11)] 영화 「엑스파일」에서도 한탄바이러스가 나온다.

커츠웨일 박사는 멀더에게 몇 년 전 미국 남서부 치명적인 한탄바이러스가 발생 경위에 대해 "신문에 의하면 연방 긴급 사태 관리국이 한탄바이러스 질병 발생 때문에 소집되었지."라고 말한다. 그러면서 그는 그것이 실제로는 한탄바이러스가 아니고 전혀 다른 무엇이었다고 암시한다.

10) 『생물학무기』, 배우철, ㈜살림출판사, 2003.
11) 『한국의 과학자 33인』, 신동호, 까치, 1999.

이 영화 뒷부분에 노스텍사스 주에서 한탄바이러스 질병 발생이 있었다는 신문 보도가 포함된다. 커츠웨일 박사가 언급했던 일이 실제로 생긴 것인데 영화는 유행성출혈열에 대해 상당히 사실적으로 설명했다는 평가를 받았다.[12)]

젭 부시 전 플로리다 주지사는 미국의 '자유 외교'를 강조하면서 우리나라 이호왕 박사를 대표적 사례로 들기도 했다. 그는 일리노이 주 시카고 국제문제협의회(CCGA) 초청 강연회에서 '미국이 직면한 최대 도전과 기회'를 주제로 연설하면서 이 박사의 사례를 소개했다. 그는 "미국의 외교 정책은 중요한 원칙을 토대로 해야 한다고 본다."며 이를 '자유 외교'(liberty diplomacy)라고 명명했다. 이어 "미국의 힘은 천부적인 개인의 자유를 토대로 하고 있고 미국이 기여한 인간 자유의 힘은 미국뿐 아니라 세계를 번창시켰다."며 "한국의 이호왕 박사가 모범 사례라고 생각한다."라며 이 박사가 한탄바이러스 병원체를 발견하고 백신을 개발했다는 점도 강조했다.

부시 전 주지사는 "미국이 한국을 방어하면서 많은 희생을 치렀고 일부 사학자들은 그 전쟁이 무승부로 끝났다고 말하지만, 이 박사나 오늘날까지 미국의 헌신으로 자유를 지킨 한국인들에게 그렇게 말해서는 안 된다."라고 지적했다. 60년 전 세상에서 가장 황폐하고 가난하며 문맹률이 최고였던 나라에서 IT(정보기술) 분야에서 글로벌 경쟁력을 갖춘 국가로 성장한 한국의 예로 볼 때 이 박사의

---

12) https://ko.wikipedia.org/wiki/%ED%95%9C%ED%83%80%EB%B0%94%EC%9D%B4%EB%9F%AC%EC%8A%A4

업적과 그가 살린 생명들, 그리고 그와 유사한 수천만 명의 잠재성 있는 세계 시민들이 자유를 방어하려는 미국의 희생이 토대가 되었다고도 말했다.[13)]

이호왕 박사의 업적은 '과학기술인 명예의 전당'에 헌액된 이호왕 박사의 설명으로 일목요연하게 알 수 있다.

① '한탄바이러스'와 '서울바이러스' 발견

이호왕은 1969년 당시 휴전선 일대의 군인들 사이에 원인 불명의 출혈열 환자가 증가하는 것을 보고, 이 문제의 해결을 자신의 연구 목표로 삼았다. 이 유행성출혈열(학술명 : 신증후출혈열)은 선진국에서 약 20년간 연구했지만 원인 불명의 괴질로 판단된 연구 과제였다.

국내에서 연구비를 조달하는 일이 불가능했던 상황이라 미 육군성 의학연구개발사령부로부터 지원을 받았다. 그러던 중 1976년 들쥐의 폐장에서 유행성출혈열 병원체인 한탄바이러스(Hantaanvirus)를 발견하는 데 성공했다. 뒤이어 1980년 서울 시내의 집쥐에게서 종이 다른 서울바이러스(Seoulvirus)를 발견하는 성과도 거뒀다. 이렇게 2종의 병원체 바이러스를 발견한 이호왕은 새로운 바이러스의 속(genus)으로 한탄바이러스(Hantanvirus)를 국제 학계에 제안하고 공인받았다.

② 유행성출혈열 예방백신과 진단법 개발

한탄바이러스를 발견한 뒤 이호왕은 예방백신을 개발하기 위한 작업에 돌입했다. 이후 녹십자사와 공동 연구에 매달린 끝에 1990년 마침내 세계 최초의 유행성출혈열 예방백신 제조허가를 받아냈다.

---

13) 「젭 부시 "한국의 이호왕 박사가 모범 사례" 눈길」, 김유진, 아시아투데이, 20150220

그는 간단하고 신속한 유행성출혈열 진단법을 일본 도쿄대학 토미야마 교수와 공동으로 연구하여, 1989년 새로운 진단키트를 개발하는 데 성공했다. 이밖에도 1997년에는 한탄바이러스와 푸말라바이러스에 의한 유행성출혈열을 동시에 예방할 수 있는 혼합 백신도 개발했다. 그 당시 유행성출혈열은 아시아는 물론 전 세계적으로 발병하여 매년 20만 명이 감염되고 그중 7% 정도가 사망하는 무서운 질병이었다. 그런데 이 질병의 원인과 예방책이 마련됨으로써 인류가 이 괴질의 공포로부터 벗어날 수 있는 길이 열리게 되었다.

이 박사의 경력은 매우 화려하다. 1973년부터 1994년까지 고려대 의대 교수로 재직하며 고려의대 학장, 대한민국학술원 회장, WHO 유행성출혈열연구협력센터 소장, 한탄생명과학재단 이사장 등을 역임한 이 교수는 한국인 최초의 미국학술원 외국회원, 자연과학자 최초 일본학사원 명예회원이라는 기록도 갖고 있다. 미국 최고시민 공로훈장(1979년), 대한민국학술원상(1980년), 인촌상(1987년), 호암상(1992년) 등을 수상했다. 또한, 태국 마히돈 왕자 의학상, 일본 닛케이아시아상 등도 받았다.

노벨상에 가장 근접한 한국 과학자로 평가를 받는 이호왕 박사는 아직 수상의 영예를 받지 못했지만 대한민국 학술원 회장의 자격으로 2001년 노벨상 시상식에 초대받았다.[14] 이호왕 박사는 연구에서의 아이디어 중요성을 매우 중요하게 생각한다. 그의 연구 지론으로 다음과 같이 말했다.

---

14) http://www.kast.or.kr/HALL/

"훌륭한 연구가 꼭 돈이 많이 들고 좋은 기계가 있어서야만 되는 것은 아니다. 연구자 스스로 목적하는 바를 명확히 알고 빠른 길로 자기 목숨을 걸고 열심히 연구해야 한다."[15)]

15) 「idea로 세상을 바꾼 바이러스의 대가 이호왕 박사」, 권연주, 약사공론, 2016. 05. 19.

제8장

죽음이 가로막은 노벨상

이휘소

(李輝昭, 1935~1977)

• 생애와 경력

1935년 : 서울에서 태어남
1953년 : 서울대학교 화학공학과 입학
1956년 : 미국 오하이오 주 마이애미대학 이학사
1958년 : 미국 피츠버그대학 이학석사
1960년 : 미국 펜실베이니아대학 이학박사
1961 ~ 1966년 : 미국 펜실베이니아대학 물리학과 교수
1961 ~ 1962년 : 미국 프린스턴 고등연구소 연구원
1966 ~ 1976년 : 미국 스토니부룩 뉴욕주립대학 물리학과 교수
1971년 : 재미한국기술자협회 창립 회원
1973 ~ 1977년 : 미국 페르미 국립가속기연구소 이론물리학부장
미국 시카고대학 물리학과 겸임교수
1977년 : 세상을 떠남
1978년 : 국민훈장 동백장

• 업적

우리나라가 배출한 가장 유명한 이론물리학자
게이지 이론의 재규격화와 참(Charm) 입자 탐색에 관한 연구
우리나라 대학교육용 기자재와 실험시설 등을 지원

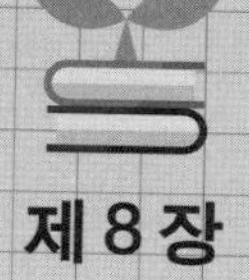

제 8 장

죽음이 가로막은 노벨상 이휘소

한국에서 노벨상을 거론하면서 많은 사람이 이휘소(李輝昭, 1935~1977) 박사를 거론한다. 앞에서 우장춘 박사를 거론했지만 우장춘 박사보다 이휘소 박사를 안타깝게 생각하는 것은 그의 연구에 연관되는 여러 사람이 노벨 물리학상을 받은 데다 40세 초반에 교통사고로 사망하였기 때문이다. 일부에서 이휘소 박사의 죽음을 당대의 정치 역학, 즉 한국과 미국의 핵폭탄 제조에 관련되었기 때문에 자동차 사고를 빙자하여 살해되었을 가능성이 있다고 제기하기까지 했다.

이휘소 박사는 20세기 후반 입자물리학에서 자발적으로 대칭성이 부서진 게이지 이론의 재규격화와 참(charm) 입자의 예견은 소립자 물리학 발전에 큰 획을 긋는 공헌을 했다. 이 연구 업적을 토대로 나중에 7명의 과학자들이 노벨상을 수상했으므로 한국인으로서 더욱 아쉬움을 준다. 우장춘 박사의 장에서 설명했지만 노벨상은 사망한 사람에게는 수여하지 않는다.

한국전쟁 유학생 가운데 가장 앞선 물리학자 중 한 명으로 평가되는 이휘소는 40대 초반의 나이로 사망했지만 그가 과학자로서 이루어 놓은 업적은 탁월하다.[1] 물리학자로서 본격적인 활동을 시작한 이래 약 20년간 모두 110편의 논문을 발표하였으며, 이 중 77편의 논문이 학술지에 게재됐다. 10회 이상 인용된 논문은 69편에 달하며, 500회 이상 인용된 논문은 모두 8편이다. '위키 백과'의 자료에 의하면 2013년 10월까지 그의 모든 논문들은 1만 3,400회 이상 인용되었다고 적었다.[2] '과학기술인 명예의 전당'에 헌정된 이휘소에 대한 설명은 한국 사람들을 놀라게 만든다.

이휘소는 한국이 배출한 가장 유명한 이론물리학자로 평가된다. 그의 가장 큰 학문적 업적은 게이지 양자장론에서 재규격화 문제의 해결과 참 입자의 탐색에 관한 연구이다. 핵의 베타 붕괴 같은 소립자의 약상호작용에 관한 페르미(Fermi) 이론은 1950년대 후반 공간반전 대칭의 깨짐이 알려져 큰 변혁을 가져왔다. 그 후 전자기작용과 약상호작용을 통합하려는 이론들이 생겨났지만 약작용과 관련되는 게이지장의 재규격화가 큰 걸림돌이었다.

이휘소는 게이지 대칭이라는 이론을 이용해 자연계의 네 가지 상호작용 가운데 전기적 상호작용과 약한 상호작용을 통합하여 기술하려는 전기약작용 이론에서 문제화되었던 재규격화의 해결책을 제시하여 소립자 물리학의 표준 모형을 확립했다. 이휘소가 사망한 뒤 게이지

1) 『한국사에도 과학이 있는가』, 박성래, 교보문고, 1997.
2) https://ko.wikipedia.org/wiki/%EC%9D%B4%ED%9C%98%EC%86%8C

이론은 표준 이론이 되어, '전기'와 '자기' 현상을 통합 설명하는 맥스웰(Maxwell) 이론에 버금가는 물리학 이론으로 자리를 굳히고 있다. 이휘소는 이 방면에서 세계적으로 다섯 손가락 안에 드는 물리학자로 꼽힌다. 또한, 그는 비록 이론물리학자이지만 실험물리학에도 비범함을 나타내, '참 입자의 탐색'과 같은 그의 현상론적 논문은 실험물리학자들에게 좋은 지침서가 됐다.[3]

수석이 당연한 학생

| 이휘소 박사

일제강점기였던 1935년 1월 1일, 현 서울특별시 용산구 원효로에서 아버지 이봉춘, 자혜병원의 소아과 의사인 어머니 박순희의 3남 1녀 중 맏아들로 태어났다. 부친 이봉춘 또한 의사 면허를 가지고 있었지만 어려운 사람들에게 돈을 받고 치료하는 것을 싫어하여 개업의 활동을 하지 않았다고 한다. 한마디로 집안 생계는 모친이 도맡아 꾸려나갔다.

이휘소는 어려서부터 천재로 알려져 수석이란 단어가 자동으로 따라다니는데 1941년 경성사범학교 부속 제1국민학교 시험에 합격한 것도 보통이 아니다. 이 당시 경성사범학교, 즉 일본인 학교

3) http://www.kast.or.kr/HALL/

에 재학 중인 조선인은 2명에 불과할 정도로 조선인에 대한 차별이 심했는데 이휘소는 이를 뚫고 합격한 것이다.

국민학교(초등학교) 4학년 재학 중 광복을 맞이하였고, 광복과 함께 경성사범학교가 폐지됐기 때문에, 1947년에 졸업할 무렵에는 서울대학교 사범대학 부속 국민학교 소속이었다. 1947년 경기중학교를 수석으로 입학했고, 3년 뒤인 1950년 경기고등학교에 역시 수석으로 합격했다. 곧이어 1950년 한국전쟁이 발발하여 이휘소 일가는 보통 사람처럼 여러 곳을 전전하는데 모친이 다행하게도 공주에서 병원을 개업했다. 이 당시 어린 이휘소는 어머니를 도와 이웃 도시 대전까지 나가서 병원 운영에 필요한 약품을 사오곤 했다.

이휘소를 비롯한 학생들이 피난 생활을 이어가면서 학교에 다니는 것이 간단한 일이 아닌데 다행하게도 교육에 대한 전시 훈령이 발효돼 이휘소는 위탁생 신분으로 마산중학교에 임시 편입했다. 얼마 후 경기중학교가 부산으로 옮겨오자 경기중학교로 옮겼는데 이때 이휘소의 천재성이 또다시 발휘된다. 이휘소는 학교를 졸업하지 않고 중퇴한 후 검정고시를 거쳐 고등학교 졸업 자격을 획득한 후 1952년 서울대학교 화학공학과에 수석으로 입학했다. 한마디로 그에게는 모든 시험이 쉬웠던 것이다.

당시 서울대학교는 지금의 부산광역시 서구 대신동에 해당하는 지역의 임시 건물로 옮겨 와 있었다. 그런데 이곳에는 서울대학교만 따로 있지 않고 '전시 연합 대학'이라는 이름으로 전국의 모든 대학교가 한 곳에 모인 상황에서 수업만 학교별로 따로 받았다. 서울대학교는 한국군이 서울을 수복한 이후 서울로 옮겼다. 그는 서울대학교 화공학과에서 한 학기 수업을 받은 후 물리학에 큰 흥미를 느껴 수차례에 걸쳐 문리과대학 물리학과로의 전과를 시도했다. 그가 화공학보다는 전기나 자석을 원리적으로 이해하는데 더욱 관심이 많았기 때문인데 당시 서울대는 일단 입학한 과로부터 다른 학과로의 전과를 받아 주지 않았다. 최근에는 학문 사이의 경계가 허물어지고 학과 운영의 유연성을 살려 전과가 마냥 불가능한 것은 아니지만 당시에는 불가능의 영역이었다. 그러나 물리학에 대한 관심은 쉽게 사라지지 않아, 학교 수업과는 별도로 독학으로 물리학을 공부하고 있던 차에 한국전 참전 미군 장교 부인회의 후원을 받는 유학 장학생에 선발됐다. 그가 편입할 대학교는 오하이오 주 옥스퍼드 시의 마이애미대학교였다. 1955년 1월 이휘소는 여의도 비행장을 이륙하였고 마이애미대학교 물리학과에 편입 등록했다.

마이애미대학교에서는 편입 전까지의 서울대학교에서의 성적을 고려하여 모두 70학점을 인정해 주었다. 70학점은 당시 미국 대학교 학제로서 약 2년 반 정도에 해당하므로 3학년 과정에 바로 진학했다.

그의 유학생활은 매우 바쁘게 돌아갔다. 장학금으로 학비는 충당할 수 있으나 생활비를 벌어야 했으므로 수업을 들으면서 아르바이트를 해야 했다. 그러나 그의 천재성은 이곳에서도 발휘되어 미국으로 건너온 지 1년 반 만인 1956년 6월, 물리학과를 최우등

(summa cum laude, 숨마 쿰 라우데)으로 졸업하였는데 이를 점수로 환산하면 평균 96.5점이다. 졸업생 중 최고의 성적을 올리자 학과장은 이휘소를 피츠버그대학교 대학원에 진학하도록 추천했다.

피츠버그대학원에서 이휘소는 교육조교(TA) 장학생으로 공학과와 의예과 학생들의 물리학 실험 TA를 담당하였다. 이듬해 가을학기부터는 연구조교(Research assistant)와 TA를 겸하게 되자 실험 지도만 하는 것이 아니라 정식으로 강의를 배정받았다. 더불어 이 동안 핵물리학, 고전 전자기이론, 양자역학, 고체물리학 등 물리학의 중요 과목을 수강했는데 성적은 항상 최우수였다. 피츠버그대학교의 박사 학위 자격시험에서 차점 합격자와 총점에서 20점 이상 벌어지는 높은 점수로 수석 합격하였다.

그에게 큰 영향을 미친 사람은 원자핵 이론 강의하는 시드니 메슈코프(Sydney Meshkov) 교수로 이휘소는 물리학 중에서 소립자 이론 물리학에 관심을 집중했다. 소립자 물리학은 1950년대 물리학도들이 가장 선호하는 분야였다. 특히 그의 관심을 끈 것은 노벨상 수상자인 유카와 히데키가 발견한 중간자였다. 현재는 잘 알려진 이야기이지만 중간자는 원자핵 속에 있는 양성자와 중성자를 묶어 두는 핵, 즉 핵력의 근원이 되는 소립자이다.

당시에는 중간자의 질량이나 움직임에 대한 정확한 계산 결과가 알려지지 않았다. 중간자의 질량과 움직임을 정확하게 계산하려면 매우 어려운 수학 계산을 해야 하는데 수학에 뛰어났던 그는 이론적으로 중간자의 질량을 계산하였다. 그의 논문은 곧바로 노벨상을 수상한 리처드 파인만의 주목을 받았다.

그의 탁월한 재능을 눈여겨본 메슈코프 교수는 그를 명문 펜실베이니아대학교의 에이브러햄 클라인(Abraham Klein)에게 추천하였다. 클라인 교수도 이휘소의 재능을 곧바로 인정하고 펜실베이니아대학교의 박사 학위 자격시험인 예비시험을 면제받도록 해주었으며, TA 장학금보다도 더 혜택이 좋은 해리슨 연구장학금(Harrison Fellowship)을 주선해 주기까지 했다. 클라인은 당시 33세의 젊은 교수로 이휘소는 클라인과 함께 공동 연구를 수행하면서 1960년 11월 「K+ 중간자와 핵자 산란 현상의 이중 분산 관계, Study of K+ Scattering in the Double Dispersion Representation」로 물리학 박사(Doctor of Philosophy) 학위를 받았다. 이때 이휘소의 나이는 불과 25세였다. 물론 대학교의 학제에 따라 그가 박사 학위증을 공식적으로 받은 것은 1961년 2월이다. 그러나 그는 논문 심사가 끝난 1960년 11월부터 1961년 8월까지 펜실베이니아대학교의 박사후 연구원(포스트닥) 및 전임 강사로 임용됐고 제2차 세계대전을 실질적으로 종결시킨 원자폭탄 개발 책임자였던 로버트 오펜하이머가 소장으로 있던 프린스턴 고등연구소의 연구회원으로 초빙됐다. 이곳은 아인슈타인이 죽기 전까지 연구하던 장소였다.

이후 그의 행보는 그야말로 파격적이었다. 1961년도부터 펜실베이니아대학교의 조교수로 임용되는 동시에 프린스턴 고등연구소의 연구회원으로 방문 연구할 수 있도록 배려받았다. 프린스턴 고등연구소의 중요성은 당시 세계의 두뇌가 모여 경쟁하는 학문의 중심지인 데다 강의의 부담에서 벗어나 마음껏 이론 연구에 매진할 수 있기 때문이다. 이휘소는 1961년 9월 프린스턴 고등연구소의 정회원이 되었는데 당시 25세의 나이로 정회원이 된 사람은 이휘소가 처음이었다.

1962년 2월, 뉴욕 맨해튼의 컬럼비아대학교 주임교수인 아이작 라비가 이휘소에게 직접 전화를 걸어 컬럼비아대학교 조교수로 채용 의사를 밝혔지만 그는 이미 펜실베이니아대학교 조교수로 임용돼 있는 데다 클라인 교수가 이휘소의 프린스턴 고등연구소 임기를 경력으로 인정하여 펜실베이니아 대학교로 복귀하는 대로 부교수로 승진된다는 약속을 받았으므로 아이작 라비의 제안을 거절했다.

1962년 3월 말레이시아 화교인 마리안 문 칭 심(Marianne Mun Ching Sim, 중국명 : 沈曼菁)과 약혼하고 5월 두 사람은 결혼식을 올렸는데 당시 나이는 27세였다. 그녀와의 사이에 아들딸 각 한 명씩 두었다. 1962년 6월 초, 그는 국제원자력기구가 주최하는 이탈리아 트리에스테 이론물리학 세미나(Seminar on Theoretical Physics)에 참석할 10인의 미국 대표단으로 선출되었다. 결혼한 지 2달 후 이휘소는 부교수가 되었고 1963년 2월 정교수로 승진했는데 28세 나이로 대학 정교수가 되는 것은 미국뿐만 아니라 전 세계적으로도 매우 드문 일이었다.[4)]

1964년에 이휘소는 그의 지도교수 클라인과 자발적인 대칭성의 부서짐에 관한 논문을 발표하여, 소립자의 질량의 존재를 규명하

---

4) 『우리 과학 100년』, 박성래, 현암사, 2003.

는 힉스 메커니즘이 등장하게 하는 데 크게 기여하였다. 소립자들은 게이지 입자(빛알, 글루온 등)라 불리는 입자들을 공유하면서 상호작용을 하는데, 이때까지 확립된 게이지 이론만으로는 자연스럽게 질량의 존재를 설명할 수 없었다. 국소 게이지 대칭성을 갖는 라그랑지 안에는 게이지 보존의 질량항이 없으므로, 설령 사람의 손으로 끼워 넣는다고 해도 그것은 국소 게이지 변환에 대해 불변성을 갖지 않아 국소 게이지 대칭성을 위반하게 된다. 따라서 자연스럽게 게이지 보존은 질량이 없어야 한다는 결론이 나온다.

한편 난부 요이치로와 제프리 골드스톤 박사 등은 '반드시 대칭적인 상태만이 가장 안정적이지는 않으며, 경우에 따라서는 대칭적인 상태보다도 더 안정적인 상태가 있을 수 있고, 만약 그렇다면 자연계는 스스로 대칭을 깨서라도 더 안정적인 상태가 되는 쪽을 선택한다'는 자발적인 대칭성의 부서짐의 가능성을 제기했다. 골드스톤의 정리에 의하면 자발적으로 대칭성이 부서진 이론에는 반드시 무질량 입자가 존재하며 그러한 입자를 '골드스톤 보손'이라 정의한다.

이휘소와 클라인 박사는 대칭성의 자발적인 부서짐의 예로써 당시 유명했던 초전도체를 하나씩 비교해 가며 무엇이 골드스톤 보손이 될 수 있는지를 논하고, 결국 무질량 입자로서 추가적인 스푸리온(Spurion)의 존재의 필요성을 제기하였다. 이 논문이 쓰일 당시에는 힉스 보손의 존재는 제대로 알려지지 않았기 때문에 이 논문은 힉스 메커니즘과 같은 이론의 등장을 촉진하는 역

할을 했다.[5)]

이휘소가 1960년대 당대의 물리학계에서 파격적인 대우로 각 대학교의 중진으로 성장하지만, 이휘소의 진면목은 1970년부터 더욱 발휘되기 시작한다. 한마디로 1960년대에 이휘소는 젊은 연구자로서 무시 못 할 명성과 뛰어난 재능을 보였고 이를 업그레이드시킨 중요한 학문적 성과는 모두 1970년대부터 나타난다. 이 말은 일부에서 이휘소가 "1960년대에 이미 노벨상을 받아야 했다."라는 말은 지나치게 과장된 것이라 할 수 있다는 뜻이다.

1965년 가을에 프린스턴 고등연구소의 교수로 재직하고 있던 양전닝이 이휘소를 찾아왔다. 양전닝은 1957년에 노벨 물리학상을 받은 거물로 뉴욕 주립대학교 스토니브룩의 아인슈타인 석좌교수(Albert Einstein Professorship of Physics)로 옮겨가면서 이휘소에게도 함께 가자고 권유한 것이다. 이휘소는 그의 청을 승낙하고 1966년 5월 16일에 뉴욕 주립대학교 스토니브룩에 방문 교수로 초청되었고 9월부터 양전닝 이론물리학 연구소의 정교수로 부임하였다.

뉴욕 주립대학교에 노벨상 수상자인 양전닝 박사와 이휘소가 있다고 알려지자 많은 학생이 몰려들었는데 특히 한국 유학생과 중국 유학생들이 많았다. 이 당시 이 박사의 지도를 받은 제자들이 상당수 한국에 들어와 물리학에 큰 기여를 했음은 물론이다.

이휘소는 전 세계를 상대로 소립자 이론에 대해 특별 강의를 했는데 1971년 미국 캘리포니아 공과대학의 겔만 교수가 그를 초청했다.

---

5) https://ko.wikipedia.org/wiki/%EC%9D%B4%ED%9C%98%EC%86%8C

1969년 소립자 연구로 노벨 물리학상을 받은 겔만 교수는 자타가 공인하는 세계적인 천재로 15세 때 미국의 명문 예일대학에 입학하여 21세에 박사 학위를 받았다. 이 박사는 캘리포니아공과대학에서 겔만, 파인먼, 마이어 등 세계적인 물리학자들과 함께 연구했는데 이들은 모두 노벨상을 받은 그야말로 세계 최고 수준의 과학자들로 이 자체만으로도 이휘소가 노벨상 수상자 대열에 합류했다는 것을 뜻한다.

1967년 11월, 스티븐 와인버그가 약한 상호작용에 관한 설명을 시도하였다. 약한 상호작용은 자연계의 네 가지 상호작용 중 하나인데, 이러한 네 가지 상호작용들을 중개하는 역할을 하는 것이 빛알, 글루온 등 게이지 보존들이다. 이들은 모두 게이지 대칭성 아래에서 존재하고 있는데 이 대칭성이 지켜지기 위해서는 일단 게이지 보존의 질량이 '0'이어야 한다. 그러나 약한 상호작용을 중개하는 위크 보존이 질량을 가지고 있다는 사실이 알려져 이들 현상을 어떻게 설명하느냐에 대해 학자들 간에 의견이 일치하지 않았다. 와인버그 박사는 게이지 대칭성이 자발적으로 깨진다는 것을 전제로 게이지 입자의 질량을 설명하려고 했다. 당시 와인버그 박사가 이들을 설명하는 모든 계산에 성공하지는 못했지만 그의 주장은 세계적인 주목을 받았다.

이휘소는 1968년 미국 시민권을 받았고, 1969년 프랑스 파리 제11대학교에서 세미나를 갖기도 하고, 프랑스 고등연구실습원에서 자유롭게 연구를 수행하기도 하였다. 이곳에서 그는 자발적으로 대칭성이 부서지는 현상과 그에 의한 난부-골드스톤 보손에 깊은 관심을 가졌으며, 겔만과 모리스 레비(Maurice Levy)가 1969년 자발 대칭 깨짐을 논할 때 장난감 모형으로써 대표적으로 애용되고 있는 시그마 모형을 제시했다. 이런 가운데 당시 네덜란드의 대학원생이던 헤라르뒤스 엇호프트가 힉스 메커니즘을 양-밀스 이론에 적용하여 비가환 게이지 이론의 국소 대칭성이 자발적으로 깨지는 모형을 연구했다. 그의 연구는 이휘소 박사의 영향을 받았기 때문이다. 엇호프트는 1970년 프랑스령 코르시카의 카르제스 여름학교에서 이휘소의 강의를 듣고 학위 논문 주제였던 자발적으로 대칭성이 부서진 '비가환 게이지 이론'의 재규격화에 대해 결정적인 아이디어를 얻었으며 마침내 이에 성공했다고 인정했다.[6]

1971년 전반기에 이휘소는 머리 겔만의 초청으로 로스앤젤레스 근처 패서디나에 있는 캘리포니아공과대학교의 교환 교수로 5개월간 재직하였다. 이후 시카고대학의 정교수 겸 페르미연구소 이론 물리학부장(Head of the theoretical physics department)으로 자리를 옮겼고 이해 9월부터 1975년 8월까지 브룩헤븐 국립연구소 고에너지 자문위원을 맡았다. 봉급은 페르미 연구소에서 받고, 시카고대학교에서는 일종의 아르바이트로 일하기로 했는데 이휘소만 원한다면 언제든 전임교수가 될 수도 있었다. 이 기간 동안인 1972년 이휘소는 「재규격화가 가능한 질량이 있는 벡터 중간자 이론」이란 논문을 발표하여 전성기를 맞는다. 이 논문이 바로 '게이지'라

6) https://ko.wikipedia.org/wiki/%EC%9D%B4%ED%9C%98%EC%86%8C

는 이론의 시대를 여는 단초가 되었다.

이 박사는 게이지 대칭이라는 이론을 이용해 자연계의 네 가지 상호작용 가운데 전기적 상호작용과 약한 상호작용을 통합해 기술하려는 전기약작용 이론에서 문제가 되었던 재규격화의 해결책을 제시해 소립자 물리학의 표준 모형을 확립했다. 그가 사망한 뒤 게이지 이론은 표준 이론이 되어 '전기'와 '자기' 현상을 통합 설명하는 맥스웰 이론에 버금가는 물리학 이론으로 자리를 굳힌다.[7)]

또한, 1974년 6월부터 스탠퍼드 선형가속기센터의 과학정책위원회 자문위원을 맡았는데 임기는 1978년 8월까지였다. 당시 이휘소 박사가 받은 여러 가지 직책은 미국에서도 매우 파격적인 것이다.

당시 페르미 연구소는 지름 2km가 넘는 소립자 가속기를 갖춘 세계 최고의 소립자 연구소였다. 에너지를 이용하는 입자가속기를 사용하면 새롭게 등장한 이론을 검증하거나 지금까지 발견되지 않은 새로운 입자를 탐색할 수 있다. 지금도 이 연구소는 유럽의 핵물리학공동연구소(CERN), 일본 쓰쿠바의 트리스탄 가속기연구소, 스탠퍼드대학의 선형가속기연구소, 로렌스-리버모어 연구소 등과 함께 세계적으로 손꼽히는 소립자물리학 연구소다.

이는 사실상 이휘소가 세계적인 이론물리학자라는 것을 단적으로 말해준다. 페르미 연구소의 직원은 1,000명이나 되는데 이곳에

---

7) 「한국이 낳고 세계에서 활약한 뛰어난 과학자들」, Science and Academy Today, 한국과학기술한림원, 2015. 10. 22.

서 실험하려면 반드시 이론물리부장의 승인을 받아야 했기 때문이다. 막강한 위치에 있는 만큼 매우 바쁜 일정을 소화해야 했는데 이휘소는 바쁜 시간을 쪼개 탁월한 업적을 이룩했다. 캘리포니아공과대학의 겔만이 주장한 쿼크 이론을 뒷받침하는 중요한 계산을 해낸 것이다. 겔만이 쿼크를 제안한 후 하버드대학의 글래쇼는 보통 물질은 주성분인 업 쿼크와 다운 쿼크 외에 'c쿼크'라는 전혀 다른 성분의 쿼크가 있어야 한다고 주장했다. 그래야만 당시까지 해결할 수 없었던 여러 문제를 이해되도록 풀 수 있다는 것이다.

문제는 어느 누구도 복잡한 질량을 계산하지 못하고 있었는데 이휘소가 이에 성공했다. 소립자는 베타 붕괴와 함께 그 전하를 바꾸게 되는데, 아주 드문 경우이지만 베타 붕괴를 하고 나서도 전하가 변하지 않을 수 있다. 이것을 중성 보존류라 한다. 하지만 연구 결과 기묘도를 가진 입자가 베타 붕괴를 하면 언제나 중성 보존류가 없다는 흥미로운 결론이 내려졌다. 이것을 설명하기 위해 셸던 글래쇼, 이오아니스 일리오풀로스, 루차노 마이아니는 1970년, 맵시(charming) 쿼크(혹은 참쿼크)라는 또 다른 쿼크의 존재를 가정하여 이를 설명하였다. 이에 이휘소는 1974년 여름에 메리 게일러드(Mary K. Gaillard), 조너선 로즈너와 함께 「참쿼크를 찾아서」라는 논문에서 케이온의 섞임과 붕괴에 해당하는 양을 계산하여 맵시 쿼크가 존재한다면 그가 가질 수 있는 질량 범위를 예측하였다.

이 논문을 지침서로 삼아 탐색 작업이 이뤄졌는데 논문이 저널에 실리기도 전인 1974년 11월, 스탠퍼드 선형가속기센터의 버튼 릭터 연구진과 브룩헤븐 국립연구소의 새뮤얼 차오 충 팅 연구진에 의해 맵시 쿼크와 그 반쿼크가 결합해서 이루어진 'J/ψ(제이/프사이)' 중간자가 발견됨으로써 맵시 쿼크의 존재가 간접적으로 확인되었다. 이것이 가능했던 이유는 이휘소 등이 논문을 저널에 기고하면서 프리프린트로써도 공개하였고, 맵시 쿼크 탐색 실험의 지침서로 사용되어 결국 발견할 수 있었던 것이다. 이휘소가 사망한 지 2년이 지난 1979년 노벨상을 수상한 파키스탄 출신 물리학자 살람 박사는 다음과 같이 말했다.

> "이휘소 박사의 정확하고 믿을 수 있는 질량 계산이 없었으면, 우리가 c쿼크를 이렇게 빨리 이해할 수 없었을 것이다."

이 말은 지금도 소립자 물리학을 공부하는 사람이라면 누구나 읽어야 할 고전으로 알려진다. 특히 수상 당시 살람은 "이휘소가 있어야 할 자리에 내가 있는 것이 부끄럽다."라는 수상 소감을 남기기도 했다.

노벨상의 기초가 된 이휘소

이휘소의 업적을 다시 부연하여 설명하면, 현재 물리학자들은 자연계를 구성하는데 4가지 힘이 존재한다고 말한다. 중력, 전자기력, 약력과 강력이다. 학자들은 이들 4가지 힘을 하나로 엮는 '통일장 이론'에 매진하고 있다. 1967년 스티븐 와인버그 박사는 전자기력과 약력을 식 하나로 설명할 수 있는 이론을 발표했다. 이것을 줄여서 '전약 이론'이라 부르는데 이 이론을 발전시킨 것이 '게이지 이론'이다. 전자기적 힘을 실어 나르는 입자를 게이지 입자라고 하는데 빛의 알갱이인 광자가 대표적인 경우이다. 이 게이지 입자의 행동을 이론적으로 설명한 것이 바로 게이지 이론이다.

게이지 이론에는 결정적인 문제가 도사리고 있었다. 계산의 기본 틀은 맞는데도 불구하고 계산한 결과가 실험값과 달랐다. 과학에서 실험치와 이론치가 일치하지 않으면 아무리 정교하고 아름다운 형태를 갖고 있더라도 이론으로 인정되지 않는다. 이휘소가 도전하여 성공한 것은 이론과 실험값이 같아지는 방법을 찾아낸 것이다. 이것을 재규격화라고 부르며 오늘날 가장 중요한 소립자 물리 이론이 되었다.[8)]

1977년에 이휘소는 스티븐 와인버그와 함께 「무거운 뉴트리노 질량의 우주론적 최소 경계치」라는 제목의 논문을 발표하였다. 이 논문에서 그들은 초기 우주 팽창의 흔적으로 쌍소멸을 통해 이윽고 다른 입자로 바뀌는, 충분히 무거우며 또한 안정적인 입자가 남아 있다면 그들의 상호작용의 세기는 최소한 2GeV일 것이라고 예상하였다. 여기에서 이들이 다룬 입자는 윔프이다. 윔프의 질량이 작아질수록 그 쌍소멸 반응 단면적의 크기도 작아져야 하는데, 이는 대략 ≈m2 / M4 정도이다. 여기서 m은 윔프의 질량이며, M은 Z 보존의 질량이다. 이것은 초기 우주에서 풍부하게 생산된 윔프들

8) 『우리 과학 100년』, 박성래, 현암사, 2003.

중 가벼운 윔프는 무거운 윔프보다 보다 일찍 상호작용을 그만둔, 즉 우주의 온도가 보다 더 높았을 때에 상호작용을 그만둔 윔프라는 것을 의미한다. 이휘소와 스티븐 와인버그의 계산에 의하면, 윔프의 질량이 ~2GeV보다도 가볍다면 그 흔적의 밀도는 우주의 스케일을 뛰어넘는, 즉 있을 수 없는 값을 갖게 된다. 윔프의 질량이 더 이상 작아질 수 없는 이 경계를 '리-와인버그 경계'라고 한다.

이 논문은 『피지컬 리뷰 레터』가 1977년 5월 13일에 접수하였고, 1977년 7월 25일에 제39권의 네 번째 호에 실었다. 그러나 이휘소는 그해 6월 16일에 교통사고로 숨져 있었기 때문에 이 논문의 출판을 볼 수 없었고, 이 논문은 사실상 그의 유작이다. 이와 같은 인연은 스티븐 와인버그가 크리스 퀵과 함께 직접 『피직스 투데이』에 이휘소의 부고 논문을 쓰게 된 하나의 계기가 됐다.[9)]

이 당시 이휘소 박사의 연구가 얼마나 돋보이는가는 두 업적 모두 노벨상을 받은 것으로도 알 수 있다. 1974년 7월, 이휘소는 영국 런던에서 개최된 제17회 고에너지 물리학 국제회의의 연사로 초청되어 전약 이론을 정리하여 발표했다.

이 무렵 와인버그의 전약 이론은 일반적으로 '와인버그 이론'이라고 불렸지만, 이휘소는 전약 이론에 대한 압두스 살람의 공헌을 인정하고 이 이론을 '와인버그-살람 이론'이라 불렀다. 이 덕에 압두스 살람은 스티븐 와인버그, 셸던 글래쇼와 함께 1979년 노벨 물리학상을 공동 수상한다.

---

9) https://ko.wikipedia.org/wiki/%EC%9D%B4%ED%9C%98%EC%86%8C

한편, 헤라르뒤스 엇호프트는 카르제스 여름학교의 이휘소에게서 얻은 아이디어를 이용하여 마르티뉘스 펠트만과 함께 양-밀스 이론의 재규격화에 성공하였고, 이를 1972년 여름에 네덜란드 암스테르담의 입자물리학 국제 학술회의에서 발표하였다. 하지만 당시 이들의 설명은 일반적인 경우에 모두 적용되지 않는 것은 물론 당시 물리학자들이 쉽게 이해되지 않았는데 이휘소가 이를 알기 쉽게 풀어주어 비로소 많은 물리학자들이 이를 이해할 수 있었다. 엇호프트와 지도교수 펠트만은 이러한 공적이 인정돼 1999년에 노벨 물리학상을 수상했고 그로쓰, 윌첵, 폴리처 등이 2004년 노벨상을 수상했다. 벨트만과 함께 노벨 물리학상을 공동 수상한 엇호프트 역시 수상 소감에서 "이휘소 박사를 만났던 것은 하늘이 내려준 행운이었다."라고 언급하며 고마워했다.

데이비드 폴리처는 2004년 노벨상 수상 강연에서 이휘소가 전약 이론에 대한 엇호프트의 연구 결과를 재해석하여 알기 쉽게 풀어쓴 덕분에 당시 학자들이 그 중요성을 인식하게 됐다고 말하였다. 여기서 폴리처가 말하고 있는 것은 이휘소가 뉴욕 주립대학교 스토니브룩에서 1972년 가을 학기에 강의했던 내용을 대학원생 어네스트 에이버스와 함께 정리해서 『피직스 리포트』에 단행본 형식으로 발표한 「게이지 이론」이라는 논문이다.

또한, 1974년 참 쿼크의 존재와 관련해 'Search for Charm'이라는 획기적 논문을 발표하여, 참 쿼크가 존재할 경우 이들이 결합할 때 나타나는 입자들의 성질을 규명했고 그해 11월 J/ψ(제이/프사이) 입자를 발견한 리히터와 팅이 1976년 노벨상을 받았다.[10] 연대 상 다소 차이는 있겠지만 적어도 2004년까지 이휘소가 살아 있었더라면 어느 해든 노벨상을 수상했을 것으로 추정하는 이유다.

한국의 과학에 대한 우려

1971년 여름에 이휘소는 당시 한국과학기술원의 정근모 부원장과 함께 대한민국에서 물리학 여름학교를 정기적으로 개최하는 데 동의하였다. 그런데 1972년 박정희 대통령은 유신헌법을 선포하여 독재 체제를 강화했다. 국회는 해산되고 신문과 방송은 정부 검열을 받아야 했고 독재를 반대하는 민주 인사들은 체포되거나 집에 감금되었다.

이휘소는 한국의 이런 상황을 접하자 기자 회견을 열고 유신헌법은 명백히 위헌이며 앞으로 일어날 불행한 사태를 대단히 우려한다는 성명을 발표했다. 그의 성명이 나오자 재미과학자협회에서도 그를 지지하는 성명서를 발표했다. 정치인이 아닌 과학자가 유신에 반대하는 성명을 발표한 사람은 이휘소가 처음이었다.

이 사태는 이휘소와 한국 간에 상당히 껄끄러운 문제를 초래했다. 이휘소는 제3공화국이 독재 체제로 강화되는 것에 큰 우려를 표하면서 1972년 초 정근모 박사에게 그동안 진전되었던 것들을 모두 없었던 일로 하자는 다음과 같은 편지를 보냈다.

---

10) http://www.kast.or.kr/HALL/

> 위수령 발동, 학생운동 탄압 등 최근 한국에서 일어나고 있는 일련의 사태로 우리가 추진 중인 여름학교 사업을 재고하게 됩니다. (중략) 여름학교의 책임을 맡게 된다면 내가 한국의 현 정권과 그 억압 정책을 지지하는 것으로 보일까 걱정이 됩니다. 참으로 난처한 입장입니다. 한편으로는 한국의 과학 발전을 위하여 조그만 도움이라도 되고 싶지만, 다른 한편으로는 민주주의의 원칙을 무시하는 이러한 처사들에 실망되어 반대 의사를 분명히 밝힙니다. 그러므로 한국 정부에서 이에 관한 초청이 오더라도 수락하지 않을 결심입니다. 엉뚱한 짓이라 생각하실지 모르겠지만 한국 국민의 장래를 걱정하는 한 사람으로서 택할 수 있는 유일한 길입니다.

유신헌법에 강력히 반대하는 세계적인 물리학자 이휘소는 유신정부로 볼 때 반드시 포섭해야 할 중요한 인물이었다. 그러므로 한국에서 학술회의나 하계 심포지엄에서 연사로 초청하고자 했으나 그때마다 박정희가 독재를 계속하고 있는 한 이에 동조할 수 없다며 단호히 거절하곤 했다. 또한, 박정희는 자주 국방을 내세우며 국외 유치 과학자들을 국내로 불러들이면서 이휘소에게도 여러 차례 제안했지만 그는 과학을 전쟁 수단으로 이용하는 것에는 결코 찬성하지 않은 것은 물론 유신 독재를 반대했기에 응하지 않았다. 이휘소의 대표적인 제자인 강주상 고려대학교 물리학과 명예교수는 어느 날 핵무기에 관해 서로 이야기했는데 그때 이휘소는 다음과 같은 말로 자신의 입장을 분명하게 피력하였다고 설명했다.

> "핵무기는 언젠가 반드시 없어져야 하며, 특히 독재가 행해지고 있는 개발도상국에서의 핵무기 개발은 결코 허용해서는 안 된다."

반면에 이휘소는 독재 정권을 위해서가 아닌 차원에서 한국의 과학기술을 높이는 데는 주저하지 않았다. 1974년 이휘소는 20여 년 만에 일시 귀국하는데 미국 국제개발청 차관에 의한 서울대학교 원조 계획의 일환에 미국 국무부의 자료 평가위원 자격이다. 당시 그는 미국 국적을 취득한 상태로 한국인 이휘소가 아니라 미국인 벤자민 리(Benjamin W. Lee)라는 이름이었다. 평가위원들의 원조 타당성 조사 사업은 물리학, 수학, 생물학, 화학 네 개 분야에 각각 한 명씩 미국인 과학자가 분담하여 9월 1일부터 10월 2일까지 한 달 동안 진행됐다. 박정희의 독재 정권이 계속되는 한 결단코 대한민국에 발을 들이지 않겠다던 이휘소가 어떻게 해서 USAID의 평가위원 위촉을 수락했는지는 분명하지 않다. 대한민국 측에서 추천하였다는 이유로 미 국무부가 설득했을 수도 있고, 박정희를 싫어하지만 그래도 최소한 한국의 과학 교육만큼은 도와주어야 하지 않겠느냐는 주위 동료들의 권유를 받아들였을 수도 있다.

당시 이휘소는 박정희의 유신 정권을 극히 반대했으므로 그의 입국은 상당한 위험 부담을 감수하고 있었음을 이해할 필요가 있다. 소비에트 연방의 물리학자로 표트르 레오니도비치 카피차 박사는 1918년에 상트페테르부르크 공과대학교를 졸업하고 1930년대에 대영제국 케임브리지대학교 등에서 활약하며 명성을 떨쳤다. 자연스럽게 당시 소련 공산당 서기장이었던 이오시프 스탈린은 우수한 인재인 그가 모국에서 연구하기를 바랐다. 하지만 소련에 억류될 것을 염려한 카피차는 신변 보장이 되지 않으면 돌아가지 않겠다며 거절했는데 스탈린은 이에 직접 신변 보장 각서를 써주면서까지 모국 방문을 종용했다. 그렇게 하여 카피차는 매년 여름 스탈린의 각서를 받고서 소련을 방문하게 됐는데 어느 해에는 카피차의 여름 방문 시기가 다가오는데도 불구하고 스탈린의 신변 보장 각서가 도착하지 않았다. 하지만 대사관 관리는 행정 처리가 늦어지고 있는 것일 뿐이니 걱정 말고 우선 소련으로 출발하라고 재촉하였다. 이미 여러 번 소련을 왕래한 바 있는 카피차는 별 의심 없이 귀국길에 올랐지만 그 길로 결국 소련에 억류되어 꼼짝없이 평생을 그가 극구 부정하던 소련에서 지내면서 연구할 수밖에 없었다.

이휘소는 이런 사건을 잘 알고 있었으므로 박정희 독재 정권하의 대한민국 방문에 대해 더더욱 경계심을 갖고 있었다. 하지만 1974년 방문은 개인 자격이 아니라 미국 정부 대표단의 일원으로 방문하는 것이기 때문에 박정희는 스탈린이 카피차에게 그랬던 것처럼 마음대로 이휘소에게 손을 뻗지는 못할 상황이었다. 그럼에도 이휘소는 만전을 기하여 신변 보장이 확실한 주한 미군 용산기지 옆의 주한 미국 대사관 직원 숙소에서 묵었으며 그래도 안심이 되지 않았는지 자신이 대한민국을 방문하는 동안 만에 하나 자신의 신변에 문제가 생길 경우 반드시 즉시 도움을 요청해야 할 곳들의 연락처를 미국의 비서에게 알려주었다. 조사를 마친 이휘소는 기자 회견에서 다음과 같이 말했다.

"한국에 훌륭한 과학 인력과 넘치는 의욕이 있음에도 불구하고 그것을 뒷받침할만한 시설이나 연구비가 불충분한 것은 사실입니다. 특히 장기적 차원에서 기초과학 연구가 중요합니다. 두뇌 유출에 대한 우려가 있습니다만, 이 문제는 한국의 산업이 발전하면 자연스럽게 해결될 것입니다. 저는 유능한 과학자들이 외국에서 마음껏 연구하게 하는 것이 오히려 조국 발전에 도움이 된다고 생각합니다."

국내 두뇌 유출 문제는 세계적인 화두인데 과거와는 달리 현재 세계화의 물결 속에서 더 좋은 환경을 찾아 움직이는 과학자들을 강제적 수단으로 자국에 묶어두는 것이 결코 바람직한 것만은 아니라는 추세다. 한마디로 국경이 그다지 큰 장벽이 될 수 없다는 설명이다. 현재 세계 최고의 경쟁력을 자랑하는 미국의 컴퓨터 산업을 뒷받침하는 인력 중 상당수가 인도나 중국 과학 기술자라는 사실은 이를 잘 보여주는 사례다. 이휘소의 기본 생각은 두뇌 유출 문제는 자국의 과학 환경 수준을 끌어올리면 해결된다는 뜻이다.

여하튼 이휘소 등 평가위원들이 미국으로 돌아간 뒤 미국 정부는 한국에 800만 달러를 지원했는데 이는 당대 기준으로 엄청난 액수였다.[11] 그는 1976년에 다시 프린스턴 고등연구소 연구회원으로 초청됐으며, 또한 이해에 미국 예술-과학 아카데미의 회원으로 선출됐다.

---

11) 『우리 과학 100년』, 박성래, 현암사, 2003.

교통사고로 포장?

이휘소는 미국에서 그야말로 바쁘게 지내면서 연구에 몰두했고 특히 '힉스' 입자를 주력 연구로 삼았다. 힉스는 원자핵 속에 있는 강력이 어떻게 생겨나는지 하는 문제와 관련이 있다.

1976년 지미 카터가 미국 대통령이 되자 한국과 미국의 상황은 그야말로 한 치도 모르게 악화되고 있었다. 카터는 박정희를 독재자라 비난하며 주한 미군을 철수하기 시작했다. 이에 질세라 박정희는 국산 미사일을 개발하고 핵무기 개발을 비밀리에 추진하기 시작했고 국외 유치 과학자들을 불러들이기 시작했다. 박정희는 이휘소에게도 편지를 보내 핵무기 개발을 도와 달라고 요청했다. 이휘소는 박정희의 제안을 거절하고 그동안 수행하고 있던 소립자 물리학 연구에 더욱 몰두했다. 그런데 이휘소는 1977년 6월 16일 일리노이 주 케와니(Kewanee, Illinois) 근방의 고속도로(Interstate 80)에서 교통사고로 숨졌다. 당시 그는 페르미 연구소의 여름 연구 심의회에 참가하기 위해 가족들과 함께 콜로라도 주 아스펜(Aspen, Colorado)으로 향하던 중이었다.

『과학과 기술』 1994년 1월호에 실린 「내가 아는 고 이휘소 박사」라는 강경식 교수의 특별 기고문에는 당시 이휘소의 비서가 사고 직후 강 박사에게 전화를 걸어 설명한 사고 당시 상황이 실려 있다. 이휘소는 1977년 6월 16일 12시가 되기 전에 가족들을 태우고 콜로라도 주 아스펜 시로 출발했고, 그로부터 약 1시간 30분간 일리노이 주 내의 I-80번 고속도로의 아이오와 주 경계로부터 약 30마일 떨어진 지점까지 정규 속도 55마일로 운전해 가고 있었다. 그러다 오후 1시 22분경, 건너편 내부 고속도로선을 동쪽으로 달리던 대형 트레일러의 타이어가 터지면서 중심을 잃어 조정을 못 하고 중앙 분리 지역을 넘어와 서쪽으로 달리고 있던 이휘소의 차량의 운전석을 덮쳤다.

뉴욕타임스도 1977년 6월 18일 이휘소 일가가 탄 차량의 대향 차선에서 달려오던 트럭의 타이어에 펑크가 났고, 트럭이 고속도로 중앙의 중앙 분리대를 미끄러져 가다가 오후 1시 22분경에 마주 오던 이휘소 일가의 승용차와 충돌했다고 전하고 있다. 이 사고로 이휘소는 중상을 입었고 가족들은 경상을 입었는데, 경찰이 의식을 잃은 이휘소를 병원으로 옮겼으나 곧바로 숨지고 말았다.

KBS의 취재로 발견된 일리노이 주 경찰서에 보관돼 있는 당시 사고 기록에 의하면, 이휘소의 차량은 1975년형 닷지 다트로 폭이 약 20m인 잔디밭 중앙 분리 지대를 가로질러 온 36톤급 탱크 트럭과 충돌하였다. 당시 가해 트럭 운전사 존 L. 루이스는 트럭에서 큰 소리가 나더니, 트럭이 오른쪽으로 꺾였다가 다시 왼쪽으로 꺾였다고 진술했는데 대덕대학 자동차학부 이호근 교수는 그 큰 소리의 원인을 타이어의 펑크라고 추측하였다. 타이어의 펑크는 대형 트레일러와 같은 경우 위험성이 더욱 커지고, 전문 교육을 받지 않은 일반인들은 당황하면서 핸들을 과격하게 조작하거나 특히 급브레이크를 밟게 되는데, 그렇게 되면 차가 통제 불능 상태에 빠진다.

또한, 사고 기록에는 트럭의 앞부분과 뒷부분이 직각으로 꺾였다고 기록돼 있다. 이 상황에서 트럭이 20m를 미끄러져 대향 차선을 침범하게 된 이유에 대해 이호근 교수는 다음과 같이 밝혔다.

> 아스팔트나 시멘트 도로에서의 마찰 계수는 제어가 가능하지만, 잔디 위에 올라타게 되면 거의 스케이트 타듯이 미끄러질 수밖에 없다. 한번 미끄러지면 그 상황에서는 방향 전환 등이 절대 불가능하고 진행 방향으로 곧게 나간다고 봐야 한다.

노벨상에 가장 근접해 있다는 이휘소의 죽음은 한국인들에게 그야말로 큰 충격을 주었다. 한마디로 그의 죽음으로 한국이 노벨과학상 수상국의 대열에 낄 수 있었던 기회를 날렸다는 것이다. 가장 많은 의문은 한국이 핵폭탄을 개발하겠다고 천명한 상태에서 이휘소가 이에 동조할 것을 우려한 미국이 이휘소의 사망에 관련했을 수도 있다는 것이다. 이 문제는 조선일보 1977년 7월 4일 기사에서도 알 수 있다.[12)]

> 20일 전 미국서 우리 물리학의 거두인 벤자민 리가 '자동차 사고로 죽었다'고 로이터 통신이 보도했다. 그런데 어찌된 일인지 그 후 상세한 보도가 없다. 플로리다 주의 과학회의에 가던 길에 일리노이 주 남부에서 사고를 당했다는 페르미연구소의 말만 보도되었다. 며칠전 국회에서 '단순한 교통사고냐'는 질문이 아침내 나왔다. 1968년 미국 시민이 되었으나 4년 전 고국을 다녀간 뒤부터 '이제부터는 조국을 위

---

12) 「비운의 물리학자 이휘소의 삶과 죽음」, 김학진, 과학동아, 1991년 06월.

해 일할 때'라고 입버릇처럼 되뇌었으며 그가 내년 4월 귀국할 것으로 알려져 있었던 것이다. (중략) 소립자 이론이라지만 그것은 최근 연구가 진척 중이고 핵물리학 관리쯤은 이미 마스터한 지 오래라는 것, 순수 이론물리학자였던 미국의 오펜하이머가 사실상 제2차 세계대전 중 원폭 제조의 지도자였다는 사실을 인정한다면, 그의 능력이 어떤 것인가는 쉽게 알 수 있다. 재미 250명 과학자들을 위해서도 우발사고인지 분명해져야 한다.

이휘소의 사망 소식이 보도된 이후 그의 죽음을 둘러싼 소문이 한국에 무성했다. 1970년대 후반 박정희가 독자적인 핵무기 개발을 선언했고 미국 정부는 이를 중지시키려고 여러 경로로 압력을 가하고 있었다. 더구나 박동선 사건과 청와대 도청 사건 등으로 양국 정부는 감정적인 대립으로까지 발전해 있었다. 이런 시기에 미국에서 활약하던 한국인 물리학자가 불의의 사고로 사망했고 그 경위가 자세하게 국내에 알려지지 않았으므로 갖은 억측이 난무한 것은 사실이다. 더구나 그는 제2차 세계대전 중 원폭 제조를 총지휘했던 핵물리학자 페르미를 기념해 만든 페르미연구소의 이론물리학부장이었다. 그가 국외 과학자들의 국내 유치 계획에 따라 귀국할 것이라는 말도 있었으므로 이휘소가 귀국하면 한국의 핵무기 개발에 중추적인 역할을 할 것이고, 이를 우려한 미국 측이 의도적으로 그를 제거했다는 것이다.

그의 사후 소설가 김진명에 의하여 그의 생애를 주제로 한 소설 『무궁화 꽃이 피었습니다』가 공전의 베스트셀러가 되었다. 『무궁화 꽃이 피었습니다』는 당시 민주화운동과 맞물린 사회 변화에 미묘하게 대응하여 폭발적인 인기를 모았던 화제작이다. 이 소설의 이야기는 철저하게 허구이지만, 핵물리학자 이휘소 박사의 죽음과 박정희 대통령의 죽음을 강력한 지도자에 대한 향수 등이 교묘하게 결합되어 한국의 핵 개발을 둘러싼 국제적인 갈등을 서사의 중심으로 끌어들이고 있다.

소설 속의 화자는 기자의 입장에서 역사적 과거 속의 거대한 정치적 스캔들을 서사의 전면에 배치한다. 한국이 낳은 천재 물리학자 이용후는 미국에서 자신의 연구 업적을 통해 노벨상에 근접할 정도로 명성을 얻는다. 그러나 그는 자신에게 주어진 명예와 보장된 영화를 버리고 한국으로 귀국하여 대통령의 명에 따라 핵 개발에 착수한다. 한국의 군사력과 국가적 위상을 뒤바꿀 수 있는 지하 핵실험이 계획되고, 한반도의 핵 개발을 결코 용인할 수 없었던 미국은 최후의 수단을 준비한다.

결국, 성공을 눈앞에 둔 순간 이용후는 의문의 죽음을 당하며 막강한 권력을 잡고 독자적인 군사력을 구축하기 위해 핵 개발의 의욕을 키웠던 대통령마저 수하의 정보부장 손에 죽음을 당하게 된다. 냉전시대 논리에 따라 한국이 독자적인 핵을 가져야만 한다고 생각한 대통령과 그 대통령의 뜻을 받들어 연구 개발을 주도하게 된 핵물리학자의 만남은 미국이라는 거대 군사력의 방해 공작에 직면한다는 설명인데 이 문제는 많은 화제를 불러모았다.[13)]

이휘소의 미망인 등 유족들은 소설에서 이휘소 박사의 일기, 편

---

13) 『무궁화 꽃이 피었습니다』, 네이버지식백과, 한국현대문학대사전, 2004.

지 등을 무단 전제하거나 인용하여 저작권과 프라이버시가 침해되었고, 이휘소 박사가 교통사고로 사망하였음에도 소설에서 대한민국의 핵 개발과 관련하여 미국의 정보기관에 의한 공작에 의하여 살해된 것으로 묘사하여 고인의 명예가 훼손되었다는 점을 이유로 소설의 출판 및 판매 금지 등 가처분 신청했다. 그러나 법원은 다음과 같은 이유로 원고의 청구를 기각하였다.

> "박정희 시대 상황 묘사 부분은 객관적 사실을 인용한 것일 뿐 표절이라 볼 수 없으며 공석하의 책을 인용한 부분은 출전을 밝힌 데다 아이디어를 도용했다는 주장은 인정하기 어렵다."

공석하도 이휘소에 관한 소설을 섰다. 『핵물리학자 이휘소』라는 책에서 박 대통령이 수차례 이휘소에게 친서를 보내 핵무기 개발을 도와달라고 부탁했고, 이휘소는 이를 받아들여 1977년 5월 일본을 방문했을 때 자신의 다리뼈 속에 마이크로 필름을 숨겨 한국 정부 측에 전달했다고 적었다. 특히 이휘소의 죽음은 사고사가 아니라 이를 눈치 챈 미국 측이 사고를 위장해 주도면밀하게 살해했다는 것이다.[14] 이 문제는 공석하가 자신의 상상력에 의해 소설을 쓴 것이라고 말하여 일단락되었다.

이휘소 박사의 사망이 일파만파로 퍼지자 의도적으로 펑크를 내어 이휘소의 차를 덮칠 가능성을 알아보기 위해 KBS 취재진과 이호근 교수팀이 수차례에 걸쳐 의도적인 펑크 실험을 했는데 펑크

---

14) 「비운의 물리학자 이휘소의 삶과 죽음」, 김학진, 과학동아, 1991년 06월.

직후의 차의 궤적은 일정하지 않았다. 이 실험 결과를 토대로 이호근 교수는 다음과 같이 밝혔다.

"고속도로 중앙에 완충 지대가 노면 재질이 다른 잔디로 되어 있고, 또 대향 차선에서 오는 차량의 속도도 불명확하고, 또 어느 차선으로 올지도 불명확하며(80번 주간 고속도로는 당시 왕복 4차선), 또 트럭 자신이 차선을 이탈해서 중앙 분리대를 넘어가는 상황에서 반대편에서 오는 차가 급브레이크를 밟을지 차선을 변경할지 모르는 상황이다. 이런 상황에서 통제 불능 상태로 대향 차선의 자동차를 의도적으로 가격해서 충돌시킨다는 것은 이론적으로 불가능한 상황이다."

이휘소의 또 다른 논제는 그가 미국 측으로부터 죽임을 당할 정도로 한국의 원자폭탄 개발에 정말 관심이 있었느냐이다. 그러나 일반의 생각과는 달리 이휘소가 생전에 원자폭탄을 개발하는 데 관심을 가지지 않았고, 특히 인간이 개발한 무기가 사람을 죽이는 데 사용하는 것을 반대했다는 점은 잘 알려져 있다. 그는 과학은 인류 복지를 위해 사용되어야 한다는 생각을 굽히지 않았다. 이런 이휘소 생활 전후를 살펴보면 이휘소가 원자폭탄 개발에 참여한다는 주장은 그의 숭고한 뜻을 왜곡하는 것이라는 시각이 많이 있다.[15)]

15) 『우리 과학 100년』, 박성래, 현암사, 2003.

이휘소는 1977년 10월에 국민훈장 동백장에 추서됐으며 그의 유해는 시카고 교외의 글린 알렌 국립묘지에 안장되었다. 아시아·태평양 이론물리센터(APCTP)에서는 지난 2012년부터 이론물리학 발전에 획기적인 공헌을 남긴 이휘소 박사를 추모하기 위해 '벤자민 리 석좌 교수' 프로그램을 매년 열고 있다. 이 프로그램은 이휘소 박사의 이름을 딴 유일한 국내 학술 기념 행사이다.[16]

---

16) 「한국이 낳고 세계에서 활약한 뛰어난 과학자들」, Science and Academy Today, 한국과학기술한림원, 2015. 10. 22.

제9장

부 록

한국의 노벨상 수상 후보 과학자들

유룡 교수

찰스 리 교수

김빛내리 교수

현택환 교수

천진우 교수

조길원 교수

조열제 교수

강신민 교수

김대옥 교수

김종승 교수

김기문 교수

김광명 교수

권익찬 교수

김세권 교수

이종흔 교수

박광식 교수

서영준 교수

윤주영 교수

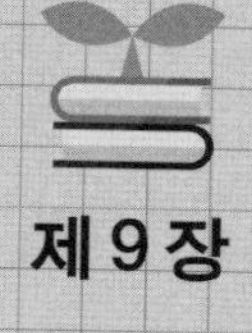

제 9 장

부 록 한국의 노벨상 수상 후보 과학자들

노벨상(Nobel Prize)은 다이너마이트의 발명가인 스웨덴의 알프레드 노벨(1833~1896)의 유언에 따라 인류 문명의 발달에 가장 큰 공헌을 한 사람에게 수여하는 상이다. 1901년부터 노벨 물리학상, 노벨 화학상, 노벨 생리의학상, 노벨 문학상, 노벨 평화상이 수여되고 있으며, 1969년에 노벨 경제학상이 제정되어 수여되고 있다. 세계적 권위를 자랑하는 노벨상의 수상자는 매년 10월 초에 발표하는데 이때는 전 세계인의 관심과 이목이 스웨덴 노벨위원회에 집중되고 있다. 노벨상 수상자 수가 곧 그 나라의 국력과 과학 수준을 나타내는 것으로 여기는 사람이 많기 때문이다.

이웃 나라 일본은 2016년까지 22명의 과학자가 노벨상을 수상하였으며, 중국도 4명의 과학자가 노벨 물리학상을 수상하였다. 우리나라는 2000년 김대중 전 대통령이 노벨 평화상을 수상하였지만, 과학 분야에서는 아직까지 수상자를 배출하지 못하고 있는 실정이다. 하지만 매년 노벨상 수상자 발표할 때마다 우리나라 과학자의 이름도 수상 후보자 명단에 오르고 있어 머지않아 과학 분야에서도 노벨상 수상자를 배출할 가능성이 커지고 있다.

2014년 노벨상 수상자 발표를 앞두고, 세계적인 학술정보 서비스 기업인 톰슨로이터가 노벨상 수상이 유력한 후보자 27명의 과학자를 발표했는데, 이 중 한국인 과학자 2명이 포함되어 있어 관심을 모았다. 화학 분야에서 유룡 기초과학연구원(IBS) 나노물질 및 화학반응연구단장(KAIST 화학과 특훈교수)과 생리의학 분야에서 찰스 리 서울대 석좌 초빙교수가 그 주인공이다.

| 유룡 단장(자료 : KAIST)

유룡 단장은 화학 분야에서 선정한 세 가지 주제 가운데 기능성 메조다공성 물질 디자인 관련 연구 성과를 인정받아 같은 주제를 연구한 사우디아라비아 찰스 크레스지, 미국 게일런 스터키와 함께 노벨상 후보자 명단에 올랐다. 유룡 단장의 대표 연구 업적은 메조다공성 탄소 합성과 메조다공성 제올라이트 촉매물질 설계다. 지름 2~50나노미터(㎚) 범위의 구멍으로 이뤄진 나노다공성 물질(메조다공성 실리카)을 거푸집으로 이용해 나노 구조의 새로운 물질을 합성하는 '나노주형합성법'을 창안했다. 이 방법으로 1999년 규칙적 배열 구조의 탄소를 세계 최초로 합성해 국제무대에 이름을 알

렸다. 2006년 이후부터는 제올라이트 골격으로 이뤄진 메조다공성 물질 합성 방법을 개척했다.

찰스 리 교수는 한국계 캐나다인으로, 사람 유전체에 구조적인 차이(변이)가 존재한다는 사실을 세계 최초로 구명했다. 찰스 리 교수는 같은 주제를 연구한 스테판 셰러 캐나다 토론토대 교수, 마이클 위글러 미국 콜드스프링스연구소 교수 등과 함께 후보에 올랐다.

| 찰스 리 교수

찰스 리 교수는 2004년 사람에 따라 DNA 조각이 일부 없거나 몇 개 더 존재할 수 있다는 사실을 발견하고 '단위반복변이(CNV)'라고 이름 붙였다. 2007년에는 탄수화물을 소화하는 데 필요한 효소인 '아밀레이스'를 만드는 유전자(AMY1)의 개수가 사람마다 다르다는 사실을 밝히기도 했다. 한국인처럼 탄수화물을 많이 먹는 민족의 경우 이 유전자의 수가 더 많다는 것이다. 사람마다 유전자가 다른 이유가 대부분 염기서열 차이 때문일 거라고 생각했던 당시 학계의 가설을 뛰어넘는 발견이었다.

톰슨로이터 명단에 오른 뒤 실제로 노벨상을 수상하기까지 걸린 기간은 평균 3.8년으로, 세계 과학계에서는 두 한국인 과학자가 향후 노벨상을 수상할 가능성이 큰 것으로 예측하고 있다.

| 김빛내리 서울대 교수

김빛내리 서울대 교수는 한국인 노벨상 수상 가능성에 가장 근접했다는 평가를 받고 있는 과학자이다. 세포 내 유전자 발현 조절 물질인 '마이크로 RNA' 연구의 선두주자로 RNA 주목받고 있으며, 최근 학문적 연구 성과를 발표하고 있어 노벨상 수상 가능성을 높이고 있다.

인간의 세포에는 200종 이상의 마이크로 RNA가 존재한다. 마이크로 RNA가 수백 종의 유전자를 조절하여 생물체의 발생과 성장, 노화, 사멸에 질서를 부여하므로, 마이크로 RNA를 '생명 조절의 중추인자'이자 '세포세계의 경찰'이라고도 한다. 마이크로 RNA는 꼭 필요한 세포에서만 만들어지도록 철저히 통제되는데, 만약 이 체계에 결함이 생기면 곧 동물세포가 비정상적으로 성장하게 되어 암세포가 생길 수 있다.

이 분야에서 김빛내리 교수가 이끄는 기초과학연구원의 RNA연구단이 주목받고 있다. 김빛내리 교수팀은 이미 마이크로 RNA의 생성 과정을 처음으로 규명했고, 생성물질인 '드로셔 단백질 복합체'의 구성과 기능을 밝힌 바 있는데, 특정한 마이크로 RNA가 암 발생과 연관된다는 연구 성과도 발표했다. 그리고 최근에는 마이크로 RNA 생성 물질의 3차원 구조를 세계 최초로 규명했다. 인위적인 단백질 합성을 통해 암 같은 난치병과 유전질환 치료에 획기적인 전기를 마련한 것이다.

| 현택환 교수

이외에도, 나노 입자 분야의 스타 과학자인 **현택환 교수**도 노벨상 화학 분야의 유력한 수상 후보이다. 현택환 교수는 2004년 균일한 나노 입자를 값싸게 대량 생산할 수 있는 기술을 개발해 세계적으로 주목받았다. 나노미터(100만 분의 1㎜) 크기의 입자를 기존 방법보다 1000배 저렴하면서도 양은 1000배 많이 생산할 수 있게 된 것이다. 이 논문은 「네이처 머티리얼즈」에 실렸고, CNN 등 국외 언론에도 소개돼 화제를 불러일으켰다.

국외에서 활약한 한국인 과학자 가운데는 에이즈 백신의 아버지로 불리는 **피터 김 머크사 연구소장**과 세계 최초로 단분자 트랜지스터를 개발한 **박홍근 하버드대학 교수**, 소립자 연구의 대가인 **김영기 시카고대학 교수**와 신경생물학과 줄기세포 분야의 권위자인 **김광수 하버드대학 교수** 등이 유력한 후보로 평가되고 있다.

또한, 톰슨로이터는 김기문 IBS 복잡계자기조립연구단장(포스텍 화학공학과 교수), 이종흔 고려대 신소재공학부 교수, 현택환 IBS 나노입자연구단장(서울대 화학공학과 교수) 등 국외에서 논문이 많이 인용된 한국의 과학자 16명을 발표했는데, 이들은 노벨상에 근접한 한국의 과학자로 꼽히고 있다.

노벨상 수상이 유력한 한국의 과학자(톰슨로이터 선정)

이름	소속	학문 성과
천진우 교수	연세대 화학과	암 치료 적응 가능한 나노 입자
조길원 교수	포스텍 화학공학과	차세대 유기태양전지 및 반도체
조열제 교수	경상대 수학과	비선형 함수 해석
현택환 교수	서울대 화학공학과	나노 입자 대량생산 및 디자인
강신민 교수	경상대 수학과	다전자계 물성 연구
김대옥 교수	경희대 식품공학과	항산화 기능성 물질 분석
김종승 교수	고려대 화학과	나노 유기분자 합성
김기문 교수	포스텍 화학과	다양한 초분자 구조체 합성
김광명 교수	KIST 의공학연구소	나노 입자 이용한 암 조기 진단
권익찬 교수	KIST 의공학연구소	
김세권 교수	부경대 화학과	해양생물 효소 추출 및 촬영
이종흔 교수	고려대 신소재공학부	산화물 나노 구조 및 센서 개발
박광식 교수	동덕여대 약학대학	탄소 소재, 내분비계 장애 물질
김빛내리 교수	서울대 생명과학부	마이크로 RNA
서영준 교수	서울대 분자의학과	화학적 암 예방 연구
윤주영 교수	이화여대 화학나노과학	형광화학센서 및 유기 합성

한국이 낳은 세계적인 과학자들의 이야기

한국의 과학 천재들

초판 1쇄 인쇄 2016년 11월 3일
초판 1쇄 발행 2016년 11월 10일

지은이 | 이종호
펴낸이 | 박정태
편집이사 | 이명수 감수교정 | 정하경
편집부 | 김동서, 위가연, 조유민
마케팅 | 조화묵, 박명준, 최지성 온라인마케팅 | 박용대, 김찬영
경영지원 | 최윤숙

펴낸곳 BOOK STAR
출판등록 2006. 9. 8. 제 313-2006-000198 호
주소 파주시 파주출판문화도시 광인사길 161 광문각 B/D 4F
전화 031)955-8787
팩스 031)955-3730
E-mail kwangmk7@hanmail.net
홈페이지 www.kwangmoonkag.co.kr

ISBN 978-89-97383-90-0 43040
가격 12,000원